JOURNAL

D'UN

HABITANT DE NEUILLY

PENDANT LA COMMUNE

PUBLIÉ PAR

GEORGES D'HEYLLI

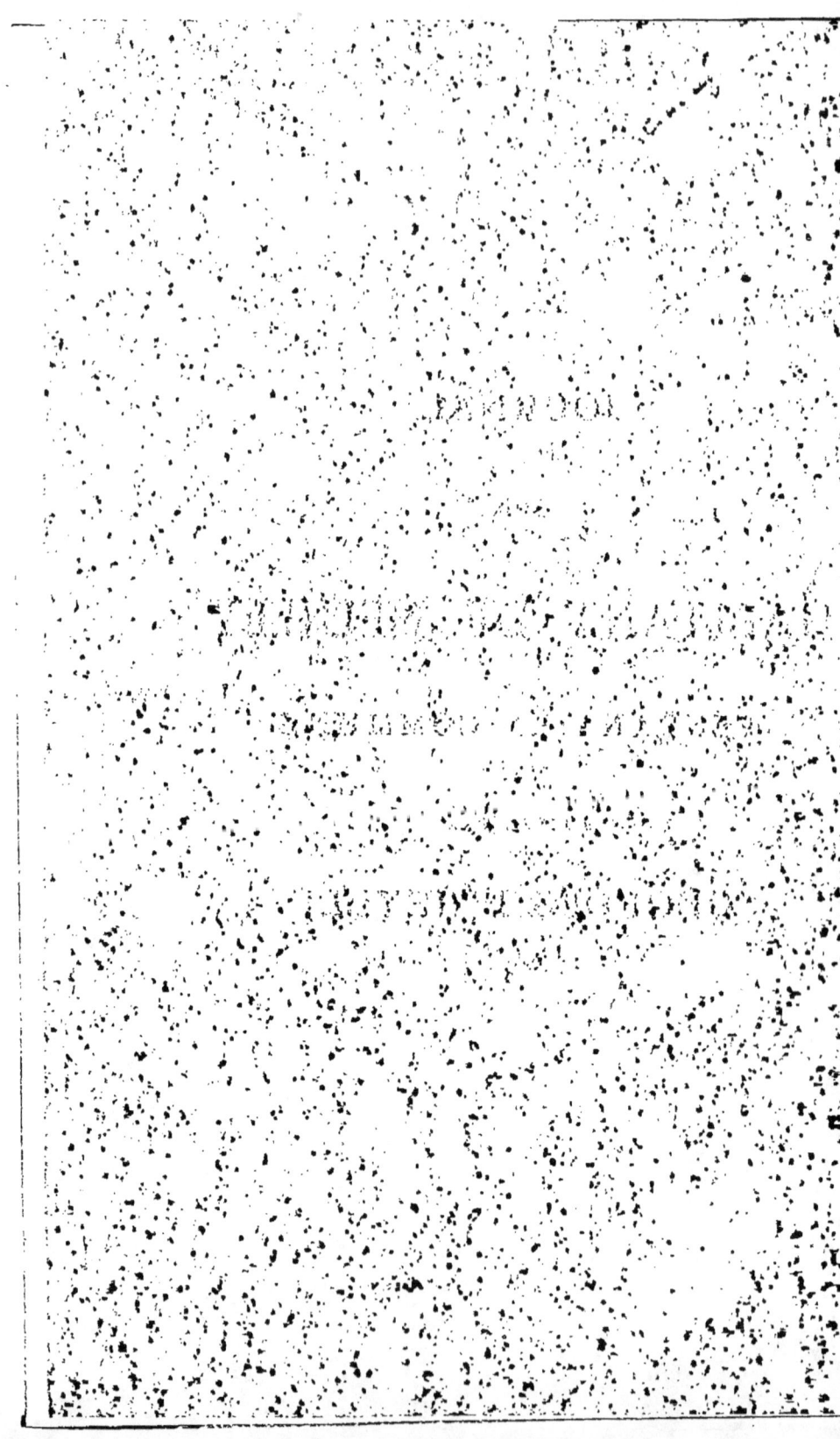

JOURNAL

D'UN

HABITANT DE NEUILLY

Ce Journal a été publié pour la première fois en un vol. in-18 dans une série de documents sur la guerre et sur la Commune, édités par moi à la Librairie générale. Il était alors incomplet, le *Journal de Genève*, auquel je l'avais emprunté, n'en ayant donné qu'une partie. Je le réimprime ici tout au long, revu, augmenté et surtout complété par son auteur.

La présente édition est destinée aux bibliophiles : elle n'a été tirée que sur papier vergé de Hollande, et seulement à *deux cents exemplaires numérotés*.

Il a été tiré en outre deux exemplaires sur *peau vélin* et deux sur *parchemin*.

G. D'H.

Décembre 1871.

N° 138.

JOURNAL

D'UN

HABITANT DE NEUILLY

PENDANT LA COMMUNE

PUBLIÉ PAR

GEORGES D'HEYLLI

NOUVELLE ÉDITION, REVUE ET COMPLÉTÉE

PARIS

LIBRAIRIE GÉNÉRALE
DÉPOT CENTRAL DES ÉDITEURS
72, BOULEVARD HAUSSMANN, ET RUE DU HAVRE

M.DCCC.LXXII

A L'AUTEUR DU JOURNAL

D'UN

HABITANT DE NEUILLY

Monsieur,

Je n'ai pas l'honneur de vous connaître, ni d'être connu de vous; je ne sais même point qui vous êtes, et j'ignore le lieu de votre résidence[1].

Me trouvant, pendant l'odieux règne de la

---

1. J'ai depuis eu le plaisir de faire la connaissance de l'auteur de ce journal. Il a bien voulu, pour moi, le compléter, en désirant toutefois conserver l'anonyme.

— 2 —

Commune, exilé malgré moi tout près de la Suisse, j'ai lu assez souvent l'excellent Journal de Genève, le plus libéral, le plus impartial, et en même temps le mieux informé des journaux de l'étranger. J'y ai trouvé le journal si plein d'intérêt que je reproduis ci-après. Écrit au jour le jour, sous l'influence et la pression des événements, et sans la préoccupation d'une publicité qu'il n'avait probablement pas en vue, il donne un tableau évidemment fort exact des souffrances endurées par une malheureuse population en proie, sans pouvoir lui résister, à l'horrible tyrannie des plus infâmes oppresseurs qui aient jamais paru dans aucune révolution. Il constitue, malgré sa forme un peu négligée, et peut-être à cause de cette forme même, qui témoigne en faveur de sa véracité et de l'authenticité de ses assertions, un véritable document historique.

En quête de pièces curieuses et utiles à publier sur la malheureuse guerre de 1870 et sur les journées sanglantes qui l'ont suivie, j'ai cru pouvoir emprunter au journal où je l'avais lu le document dont il vous a dû la communication. Si j'avais connu votre adresse, je me serais empressé de vous demander votre autorisation, et, dans tous les cas, j'ai cru de mon devoir d'exposer ici, aussi bien pour le lecteur que pour vous, le motif de véritable intérêt public qui m'avait engagé à publier, sans plus d'hésitation, votre intéressant journal.

Je l'ai fait précéder d'une Lettre sur la ville de Neuilly, *sur son château, sur ses habitants, lettre que pendant mon exil forcé j'avais publiée dans le journal* le Salut public *de Lyon, et qui sert naturellement de préface au* Journal d'un habitant de Neuilly.

Recevez, Monsieur, l'assurance de mes sentiments les plus distingués.

GEORGES D'HEYLLI.

Paris, 25 juin 1871.

LA VILLE DE NEUILLY

E *Salut public* de Lyon a publié la lettre suivante, adressée à son rédacteur en chef :

Aix-les-Bains (Savoie), 12 mai 1871.

Mon cher confrère,

Le *Journal de Genève*, un des meilleurs journaux d'ailleurs que la France reçoive de l'étranger, parlant dernièrement de la ville de Neuilly-sur-Seine, si cruellement victime de la guerre civile, donnait à cette jolie et malheureuse cité le titre vraiment trop modeste de « village ». Or, Neuilly possède un chiffre de population que lui envieraient certainement beaucoup de chefs-lieux de département ; en 1846, sous le roi Louis-Philippe, Neuilly avait déjà plus de 8,000 âmes ; en 1870, à la veille de cette désastreuse guerre qui nous a valu tant de ruines et tant de larmes, Neuilly ne comptait guère moins de 18,000 habitants.

Neuilly est situé entre la Seine et les fortifications de Paris, borné d'un côté par l'enceinte, à la porte Maillot, et de l'autre par le grand pont monumental construit sous Louis XV, inauguré en 1772 par la Dubarry, et qui sépare la commune de Neuilly de celle de Courbevoie. A gauche de la ville, en descendant de Paris, est le bois de Boulogne ; à droite, la commune de Levallois. Dans ce grand carré long s'étend Neuilly, au milieu de fort beaux jardins, de grandes avenues, de rues régulières et surtout d'un parc magnifique, coupés par de larges voies bordées de maisons de campagne et de villas élégantes, et qui a été jadis le parc du château du feu roi Louis-Philippe.

Je ne remonterai pas au déluge. C'est au duc d'Orléans, devenu ensuite roi des Français le 9 août 1830, que Neuilly doit sa prospérité. Ce prince, qui, à tout prendre, ne fut peut-être pas tout à fait aussi « ladre » qu'on l'a raconté, dépensa beaucoup d'argent à Neuilly et pour Neuilly. Il y fit percer des rues, construire divers bâtiments publics, réédifier l'église ; il aida la ville à supporter beaucoup d'autres dépenses d'utilité publique, et contribua, en un mot, très-largement, de son influence et de sa bourse, aux accroissements successifs de la petite ville où il avait son château.

Ce château, tout le monde le connaît, au moins pour avoir lu son histoire. Le domaine de Neuilly était depuis longtemps dans la famille d'Orléans ; Napoléon Ier l'avait donné à Murat ; le duc d'Orléans, au retour de son exil, fut remis en possession de cet apanage, et, de 1816 à 1848, il se plut à le restaurer, à l'embellir et à l'augmenter. Il avait la Seine pour rivière ; les îles qui la couvrent de ce côté, entre Asnières et Suresnes, appartenaient au royal domaine ; on voit encore dans celle qui passe sous le grand pont, un ravissant kiosque, dont le dôme de marbre blanc est supporté par de fort belles colonnes, également de marbre, et où le roi venait souvent travailler, pendant l'été, au bruit du fleuve qui battait doucement le petit rocher que ce kiosque surmonte.

C'est dans ce château de famille de Louis-Philippe que fut porté, le 13 juillet 1842, au soir, le corps tout sanglant de l'infortuné duc d'Orléans, jeté violemment hors de sa voiture, emportée par des chevaux furieux, sur le pavé de l'avenue de la Révolte. Cette avenue longe les fortifications ;

elle fait partie de la commune de Neuilly. C'est chez un épicier que le duc rendit le dernier soupir, entouré de sa famille et des ministres du roi. La modeste maison fut achetée, puis démolie, et sur son emplacement fut édifiée une chapelle funèbre, bientôt ornée de pieux souvenirs, depuis toujours entretenus et respectés. Élevée dans la zone militaire, où furent impitoyablement détruites, au moment du siége, toutes les constructions anciennes qui la remplissaient et gênaient la défense, la chapelle du duc d'Orléans échappa seule à la pioche des démolisseurs; elle est encore debout, exposée aux boulets du rempart comme aux bombes des troupes de Versailles, mais plus menacée peut-être par un de ces décrets émanés de la folie furieuse de la Commune, comme celui qui vient d'ordonner la destruction de la chapelle expiatoire de Louis XVI, que par les feux mêmes de l'artillerie.

La commune de Neuilly devait tout au roi Louis-Philippe; elle tint à lui prouver sa reconnaissance. En février 1848, quelques bons b...... parmi ses habitants, comme dirait le *Père Duchêne* en ses jours d'aménité, se joignirent aux émeutiers de Paris, et, de concert entre eux, ils pillèrent le domaine royal, jetèrent les meubles et les tableaux par les fenêtres, burent le vin des caves et finirent par incendier le château lui-même. Quelques années après, le 22 janvier 1852, un décret du prince-président de la République déclara de bonne prise une grande partie des biens de la famille d'Orléans, et le parc de Neuilly, traité en propriété nationale, fut dépecé, taillé en morceaux, vendu aux enchères, dessiné à nouveau par un ingénieur parisien, et transformé en une seconde ville, qui fut annexée à la première. Cette partie de Neuilly en est la plus pittoresque, la plus agréable et aussi la plus richement habitée. C'est là surtout que réside la population flottante, artistes, banquiers, employés, gros négociants, etc., qui, ne voulant pas quitter tout à fait Paris, viennent au moment des beaux jours, de mai à novembre, chercher chaque soir un peu d'ombre et de fraîcheur après la journée passée au milieu de leurs affaires à Paris C'est dans ce parc qu'ont été tracés les boulevards et les rues dont il vient d'être si souvent question lors des derniers engagements : les boulevards Eugène, Bineau, du Château, d'Argenson, d'Inkermann, etc. ; les rues Borghèse, de Chézy, Perronnet, etc.

Le château était situé au bout de l'avenue d'Argenson, plantée d'arbres magnifiques, et qui conduisait directement à la grande grille d'honneur. Du château il ne reste point trace ; les communs, écuries, remises, etc., qui existaient encore dans ces dernières années, ont été expropriés depuis ; mais quelques pavillons séparés ont survécu à l'incendie de 1848. Ce sont d'abord la grosse et un peu lourde habitation de la duchesse d'Orléans, qui est devenue un couvent ; le pavillon de Mme Adélaïde, sœur du roi, lequel est fort étendu et n'a qu'un rez-de-chaussée surmonté de mansardes, les infirmités de la princesse l'ayant rendue incapable de monter des escaliers. Cet immense pavillon, dépourvu de tout style, a été, depuis, occupé assez longtemps par une maison d'éducation pour filles d'artistes, connue sous le nom de *Notre-Dame-des-Arts* et dirigée par la baronne d'Anglars.

Dans l'avenue de Sainte-Foy, qui est parallèle à l'avenue d'Argenson, et où l'on pourrait voir aujourd'hui une grande barricade défendue par les troupes de Versailles, on aperçoit un petit pavillon tout moderne, flanqué de deux tourelles assez prétentieuses, et qui servait de résidence, lors de ses séjours en France, au prince de Wurtemberg, gendre de Louis-Philippe. Ce pavillon appartient actuellement à un couvent d'Ursulines de Nancy. Enfin, dans l'avenue du Roule, on trouve encore un petit pavillon en pierre de taille, qui était jadis dans le parc du château. Ce pavillon, démoli avec soin et transporté, pierre par pierre, sur son emplacement actuel, était donné comme habitation à quelque visiteur de marque au château.

L'ancien Neuilly s'étend surtout à partir de la rue d'Orléans, où finissait autrefois la commune de Sablonville, jusqu'à la Seine, à gauche du parc. La ville est, de ce côté, coupée en deux parties par la grande avenue qui se dirige de la porte

Maillot au rond-point de Courbevoie. Sablonville n'a été définitivement réuni à Neuilly que lors des annexions, en 1860, des faubourgs de Paris à la capitale. Dans cette ancienne partie de la ville, on aperçoit sur la gauche, en montant vers le pont, le quartier dit de Saint-James, qu'il faut traverser pour gagner l'avenue et le château de Madrid. Avant d'y arriver, on contourne le Jardin d'acclimatation, dont une des entrées est de ce côté.

Ainsi qu'on peut le voir par cette rapide description, Neuilly est un des pays suburbains de Paris les plus agréables à habiter, aussi bien à cause du bon air qu'on y respire que de sa proximité de la Seine, du grand parc, du bois de Boulogne et de Paris lui-même. Pendant le siége, Neuilly avait échappé au bombardement et aux Prussiens. Il avait bien souffert quelque peu du séjour de nos propres troupes, principalement du passage de la garde mobile et de certains bataillons de marche de la garde nationale, au lendemain de la triste affaire du parc du Buzenval (19 janvier); mais le général Ducrot avait son grand quartier général à l'entrée même de la ville, chez le restaurateur Gillet; de fréquentes patrouilles militaires avaient lieu nuit et jour; les quelques habitants restés dans leurs demeures faisaient eux-mêmes la police de leur quartier; le bataillon du pays, classé sous le n° 35 dans la garde nationale de la Seine, avait chaque jour un poste de trente hommes à la mairie : tout ce concours de circonstances porta bonheur à Neuilly, qui, de tous les environs de Paris, fut le seul complétement épargné.

Ah! qui eût dit alors qu'une terrible guerre civile devait ensuite éclater et devenir plus funeste à un pays français, et par des Français, que ne lui avaient été funestes les ennemis de la patrie eux-mêmes!... Depuis quarante jours une bataille sans trêve ensanglante les rues de Neuilly, incendie les maisons, oblige les quelques habitants qui y sont demeurés à vivre dans leurs caves et les tient enfermés entre les feux combinés de ceux qui les protégent et de ceux qui les attaquent, comme absolument séparés du reste du monde et toujours sous le coup d'une mort imminente. Ce joli pays, si vivant en été, où le chemin de fer de ceinture et les omnibus amenaient, plusieurs fois par jour, une population sans cesse renouvelée ; ce pays si gai que les canotiers et les canotières traversaient le dimanche, en bandes joyeuses et folles, chantant leurs gais refrains et allant sur les bords de la Seine manger leur matelote hebdomadaire ; ce pays, hélas ! grâce à la plus coupable et à la plus odieuse des insurrections, qu'est-il devenu ?

Les artistes l'avaient pris en affection. Il leur était si commode d'y rentrer après leur tâche de chaque jour accomplie ! C'était en quelque sorte pour eux la campagne aux portes mêmes de Paris :

Régnier, des Français, Gueymard, de l'Opéra, et sa femme, Mme Gueymard-Lauters, demeuraient à Neuilly; Alex. Dumas fils y avait un joli hôtel. Mlle Sax, cette chanteuse de cafés-concerts devenue grande cantatrice à l'Opéra, et qui, après s'être appelée successivement Sax, Saxe, puis Sasse, a épousé un autre chanteur, M. Castelmary au théâtre, et Castan sur son état civil, habitait, rue Hurel, une jolie petite maison toute enguirlandée de glycine odorante. Mme Doche y avait pris sa retraite au boulevard du Château, à côté du nid charmant construit et habité par sa sœur, Mlle Plunkett, autre danseuse de l'Opéra. Leur frère, M. Plunkett, directeur du théâtre du Palais-Royal, demeurait rue Jacques-du-Lude, non loin d'un chanteur de l'Académie nationale de musique, M. Gaffiot, dit Belval[1]. Puis c'étaient Sainte-Foy et Mlle Talmont, de l'Opéra-Comique; Mme Persiani, l'illustre cantatrice des Italiens; Mlle Edile Riquer, des Français; la jolie Mlle Lovely, des Variétés; et M. Paul Dalloz, directeur du grand *Moniteur;* et le poëte Théophile Gautier, entouré de tous ses chats, de sa fille Judith, « dame de lettres » sous le nom de J. Walter, et de son gendre, le poëte fantaisiste aux longs et

---

1. Voyez, sur tous ces noms empruntés et sur beaucoup d'autres, mon *Dictionnaire des Pseudonymes*. (Paris, Dentu, Palais-Royal, un fort volume de 500 pages, 2e édition.)

blonds cheveux, Catulle Mendès; et Verteuil, le toujours aimable secrétaire du Théâtre-Français; et Xavier Eyma, du *Figaro*, et Bénard, du *Siècle*, et le vaudevilliste Alex. Flan [1], et le pasteur Eug. Bersier, en même temps journaliste et correspondant du *Journal de Genève*, etc. Deux tailleurs célèbres y avaient édifié de véritables palais, Dusautoy et Laurent Richard, amis des arts, des beaux tableaux, des statues de marbre, et dont les habitations sont à visiter.

1. J'habitais moi-même à Neuilly, dans l'avenue du Roule, tout à côté de Flan, une petite maison qui n'a point été épargnée par les obus venus de Versailles ou de Paris. Dans le modeste jardin qui l'entoure, trois soldats de l'armée avaient été tués et enterrés sur place. Jusqu'au 8 juin, un petit tertre, surmonté d'une croix de bois, indiquait le lieu de leur sépulture. Ce jour-là, à onze heures du soir, on est venu exhumer et transporter au cimetière la triste dépouille de ces infortunés.

Quant à Alex. Flan, dont je viens de citer le nom, le pauvre garçon n'avait pas eu la douleur d'assister à cette lutte fratricide. Quelques jours avant l'investissement de Paris, au mois de septembre 1870, il avait trouvé dans la mort le repos que, hélas! nous cherchons encore. C'était un aimable voisin, garçon d'esprit, doux et tranquille, très-artiste, mais d'un caractère timoré à l'excès; en somme, un bon et sympathique confrère, avec qui j'étais en charmants rapports de voisinage, et à qui je devais ce souvenir.

20 juin 1871.   G. D'H.

A côté du somptueux logis de Laurent Richard est le château historique de Saint-James, habité sous Louis XV et sous l'Empire par des financiers ou par des demoiselles de théâtre, où Thiers passa plus tard une ou deux saisons d'été, et qui est devenu, sous la direction successive des docteurs Pinel et Sémelaigne, la première maison de refuge, pour aliénés, de Paris. A Neuilly demeurait aussi la veuve de l'illustre naturaliste Flourens, mère de cet insensé à qui on ne saurait cependant refuser une sorte d'héroïsme mal placé, et qui avait nom Gustave Flourens. A Neuilly habitaient encore les deux frères Salmon, dits Noir, Louis et Victor. La mort de ce dernier est présente à toutes les mémoires[1]. C'est pendant ses funérailles, qui faillirent faire naître une révolution, que l'illustre Rochefort s'évanouit plusieurs fois dans le trajet, sur la grande avenue de Neuilly. Enfin, à Neuilly résidait également ce Georges Cavalier, ancien élève de l'École des mines, secrétaire de Gambetta pendant la guerre,

1. Comme en France on a la malheureuse et funeste manie de mettre la politique en tout et partout, la municipalité de Neuilly, élue après le 4 septembre, s'était empressée de donner le nom de Victor Noir à la rue du Marché, où résidait cet infortuné et trop célèbre journaliste. La nouvelle municipalité, élue au lendemain de la chute de la Commune, s'empressa, elle aussi, de restituer aussitôt à la rue son premier nom qui ne rappelait point d'aussi tragiques souvenirs.

actuellement ingénieur en chef de la Commune, et qui, jadis, eut ses heures de célébrité dans les « caboulots » du quartier latin, sous l'aimable et gracieux surnom de *Pipe-en-Bois*.

Et à la place de ce mouvement de chaque jour, de ces bruits de fête et de plaisirs, de ces noces populaires qui se célébraient chaque samedi et égayaient si fort les restaurants, les cafés et les promenades de Neuilly, à la place de ce va-et-vient continuel dont la porte Maillot était le perpétuel théâtre..., des barricades, des obusiers et des canons!.... [1]

C'est une petite rue appelée rue des Huissiers qui tient lieu de ligne de démarcation entre les deux armées. Cette rue sépare la grande avenue, qui est dominée par le pont de Neuilly d'un côté et par la porte Maillot de l'autre, de l'avenue parallèle du Roule; cette avenue défend, d'une part la rue du Château, pendant que de l'autre elle

1. Au commencement de juin nous revenions à Neuilly. Quelle triste et lugubre promenade nous y avons faite dans l'avenue du Roule, les rues de Chézy, Borghèse, Perronnet, etc., etc.! La ville n'est plus, en partie, qu'un amas de ruines et de décombres; le parc surtout a souffert, ce joli parc ombragé et dont la plupart des beaux arbres n'existent plus! Neuilly est aujourd'hui, avec Saint-Cloud, l'endroit des environs de Paris où les désastres de la guerre s'étalent le mieux, et le plus en évidence, dans toute leur horreur.

est menacée et labourée par les boulets des canons de la porte des Ternes. Une énorme barricade, hérissée de canons et gardée par les Versaillais, s'étend de chaque côté de cette rue des Huissiers. L'extrémité de cette barricade est appuyée, dans l'avenue du Roule, contre le mur d'un pensionnat de demoiselles, dans lequel réside l'état-major de la défense à cet endroit. Cette pension a pour entrée une grande porte cochère surmontée de deux lions de bronze. On lit sur une plaque de marbre placée entre ces lions l'inscription suivante :

INSTITUTION DE MADAME BASCANS

DIRIGÉE PAR MESDEMOISELLES CORDIER

Dans la cour, un cèdre magnifique ombrage le pensionnat, que les obus n'ont pas respecté : ils pleuvent, les murs craquent, les toits s'effondrent ! Là étaient hier le calme, l'étude, la joie des jeunes filles courant au milieu d'un joli parc tout verdoyant qui environne la maison, et, hélas ! aujourd'hui les courageuses maîtresses de la pension demeurées chez elles, à leur poste, pour protéger de leur présence leur mobilier, leur matériel et leur maison, couchent depuis quarante jours dans leurs caves, mangent un peu de rare et mauvaise viande, avec du pain dur, et dorment dans leur humide retraite quand, par hasard, le silence du canon le leur permet !

Mais je clos cette lettre, déjà trop longue, mon cher rédacteur; elle est écrite un peu à bâtons rompus. Je voulais me borner, à son début, à démontrer, par des chiffres à l'adresse du *Journal de Genève*, qu'une ville de près de 20,000 âmes ne saurait être décemment appelée « village » dans quelque langue que ce puisse être, et je me suis laissé entraîner à vous parler de mille choses que me rappelaient ces affreux tableaux de la guerre civile, qu'une longue lettre, datée de Neuilly même, vient de faire passer à l'instant, dans toute leur horreur, sous mes yeux... Pauvre ville infortunée, et bien plus infortunée encore que tant d'autres qui ont été victimes de la guerre allemande, puisque chaque coup de canon qu'on y entend est tiré par des mains françaises, et, hélas ! contre des Français.

Recevez, etc.

GEORGES D'HEYLLI.

JOURNAL

d'un

HABITANT DE NEUILLY [1]

AVRIL 1871

Dimanche, 2 *avril.* — Aujourd'hui ont commencé les hostilités entre les fédérés et les troupes de l'Assemblée nationale.

A 7 heures du matin une vive canonnade s'engage entre les troupes placées au rond-

---

[1]. Nous empruntons ces curieux et tristes détails à une série de lettres écrites de Neuilly que l'on a bien voulu nous communiquer.
(Note du *Journal de Genève* du 28 mai 1871.)

point de la demi-lune à Courbevoie et les fédérés, qui, sortis de Paris par les portes Maillot et des Ternes et soutenus par les canons placés en ces endroits, font une attaque à coups de fusil. A midi seulement, les fédérés battent en retraite et rentrent individuellement dans Paris. Il y a eu des morts et de nombreux blessés.

Lundi, 3 avril. — Je me suis rendu par Saint-Denis à Paris, où j'ai appris les événements.

Les fédérés, qui avaient opéré une sortie nocturne pour surprendre le Mont-Valérien, y ont été reçus à coups de canon. Ils établissent une barricade de ce côté de Neuilly et se disposent à défendre le passage du pont de Courbevoie, sous le commandement de Bergeret. On dit que Flourens a été fait prisonnier.

Mardi, 4 avril, et mercredi, 5 avril. — Impossible de passer les portes. J'ai été obligé d'aller et de revenir par Saint-Denis. La canonnade, la fusillade s'étendent entre Courbevoie et Asnières.

Jeudi, 6 avril. — J'ai pu passer cette fois par la porte des Ternes et revenir le soir par la porte d'Asnières. Vive fusillade de ce côté. Des obus sont venus tomber pendant la journée sur la porte Maillot. Les autorités communales de Neuilly donnent leur démission et ne s'opposent pas à ce que la Commune de Paris occupe militairement la mairie; le drapeau rouge y remplace le drapeau tricolore. Dombrowski remplace Bergeret.

Vendredi, 7 avril. — Avec un laisser-passer, j'entre dans Paris. La sortie m'est facile cette fois par la porte des Ternes avec la même autorisation. Le bombardement entre la porte Maillot et les batteries placées à Puteaux et Courbevoie n'a pas cessé. Je lis dans l'*Officiel* que le service est obligatoire pour tout citoyen de dix-neuf à quarante ans, marié ou non.

Samedi, 8 avril. — Impossible de sortir de

chez moi. Pendant la nuit, les troupes ont passé la Seine, établi une barricade avenue du Roule, à la hauteur de la rue de l'Église, et des coups de fusil s'échangent depuis huit heures du matin entre elles et les gardes nationaux postés aux angles de la rue du Marché et de la rue de la Mairie. Les balles sifflent à chaque instant par-dessus nos têtes, et devant la maison elles cassent des branches d'arbres et ricochent sur le pavé. Deux pièces, établies également pendant la nuit à la porte des Ternes, cherchent à démolir par un feu nourri la barricade des Versaillais. Le tir des fédérés est mal dirigé, car un obus tombe sur l'asile Mathilde, un autre éclate dans le jardin en face de chez moi. Plusieurs ne dépassent pas le rond-point, boulevard Inkermann.

Dimanche, 9 avril. — Terrible fusillade; les coups de canon se succèdent rapidement. Toutefois, sur l'avenue du Roule, les Versaillais ne ripostent qu'à coups de fusil. Il n'en est pas de même sur l'avenue de Neuilly, où balles, boulets et obus se croisent avec fureur. Aussi n'y voit-on personne. Toutes les boutiques sont fermées. La mairie a été transformée en ambulance. Bon nombre de blessés y reçoivent un premier pansement, pour être dirigés ensuite sur Paris par la porte des Ternes, où seuls les gardes nationaux et les ambulances peuvent passer.

Un éclat d'obus tombe vers onze heures sur le toit de notre grenier et y casse cinq à six tuiles. Je l'ai découvert au milieu des tuiles cassées. Il pèse 150 grammes environ. Un second fragment pesant 400 grammes lui succède.

Lundi, 10 *avril*. — Impossible de sortir. Le boucher et le boulanger sont venus à cinq heures du matin pour apporter des vivres nous deux jours. La fusillade commence vers six heures et ne cesse plus. Je n'ai pu voir pendant tout ce temps qu'une vingtaine de gardes nationaux qui, par groupes de deux et trois, échangent des coups de fusil avec les Versaillais. Ceux-ci, dit-on, se sont avancés jusque dans la rue Louis-Philippe.

Le canon gronde moins fort, mais le feu du rempart, mal dirigé, envoie deux obus dans l'asile Mathilde, un autre au n° 28, en face de nous; enfin un quatrième obus tombe sur le toit de la maison qui fait le coin de la rue du Marché et de l'avenue du Roule. Un cinquième coupe en deux un magnifique peuplier chez M. B. Un sixième écorne la façade de l'institution Sainte-Croix. Le tir porte donc trop à droite.

Nous couchons dans la cave.

Un homme qui a voulu traverser l'avenue tombe mortellement frappé.

Mardi, 11 *avril*. — Le feu est moins vif; pourtant, dès que l'on fait mine de sortir, les balles arrivent et sont dirigées sur nous avec acharnement.

Le soir, la canonnade, qui avait cessé entre midi et quatre heures, recommence de plus belle.

Mercredi, 12 *avril*. — Toujours impossible de sortir. On ne voit personne sur l'avenue. Les coups de fusil se font entendre. Les gamins qui, jusqu'ici, avaient pu quitter Paris avec le *Petit Moniteur* et la *Petite Presse*, ne crient plus ces feuilles.

Pas de fournisseurs. Je suis obligé d'escalader le mur et de passer par les jardins avoisinants pour aller chercher du pain. On prétend que Dombrowski est maître du haut de Neuilly.

Vers deux heures et demie, une fumée noire et fétide empoisonne l'atmosphère. C'est sans doute un incendie causé par un obus dans une maison abandonnée.

Jeudi, 13 avril. — Malgré mon désir de passer à mon bureau à Paris, je ne puis traverser l'avenue, et puis la fusillade paraît être du côté de Courcelles et Levallois-Perret. Comment passer par les portes? Les fédérés reprennent l'offensive et les balles bourdonnent comme des hannetons.

Vers onze heures un nouvel éclat d'obus perce le toit du grenier et rebondit jusque sous le *rinçoir*. Ce morceau pèse 650 grammes. A deux heures, un autre éclat moins gros tombe au milieu de la cour.

L'épicier n'a plus ni sucre, ni tabac, ni

farine. Le boucher n'est pas venu, et je n'ai pu trouver que du pain.

La Commune a décrété hier la démolition de la colonne Vendôme.

Vendredi, 14 avril. — Quelques gardes nationaux, faisant le coup de feu à l'angle de la rue de la Mairie et de la rue du Marché, attirent sur nous une grêle de balles qui s'aplatissent contre les murailles. A neuf heures, un obus des remparts, déviant à gauche cette fois, frappe la maison du n° 25, au second étage, perce le mur, pénètre dans l'appartement, fait voler les vitres en éclats et en répand les débris sur l'avenue et dans la rue de la Mairie.

L'action paraît s'éloigner un peu, mais nous sommes toujours sous une pluie de balles et d'éclats d'obus. Un obus du rempart rencontre le réverbère placé un peu plus loin que nous sur l'avenue, le fait éclater avec fracas, et je puis relever avec un râteau le culot de ce monstre, qui pèse 1 kilog. 250 grammes.

Samedi, 15 avril. — Des gardes nationaux

sortis la nuit commencent dès sept heures et demie du matin une fusillade des plus accentuées. L'action s'engage sur la droite dans le parc, et le canon ronfle de plus belle. Il semble que les fédérés aient établi des batteries boulevard Inkermann, car le canon tonne de bien près. Un éclat d'obus tombe de nouveau sur notre toit; je l'y laisse, car le sifflement des projectiles de tous genres devient plus intense.

Vers onze heures, la fusillade paraît se calmer, mais les coups de canon redoublent. Pourtant quelques gardes nationaux placés dans la propriété de M. Lacroix tirent toujours dans la direction du parc et de la Seine, sans que l'on puisse distinguer, même avec la lorgnette, quel est leur but. Cependant la fumée qui accompagne chaque coup de fusil trahit la présence de quelques gendarmes ou lignards qui tirent dans cette direction. A trois heures et demie, pluie abondante. J'écris à Mme Baptiste par un gamin qui apporte la *Petite Presse* de ce jour.

A quatre heures et demie passe un médaillé de Sainte-Hélène qui, longeant la maison, se dirige sur le haut de Neuilly. Je l'engage à ne pas aller plus loin et à attendre chez moi la nuit. « Bah ! je suis trop vieux, je ne vais pas loin. » A peine a-t-il longé la maison que les balles sifflent en grand nombre. J'avance le cou, pour voir si mon imprudent s'est garé. Hélas! je le vois avancer encore d'un pas lent, puis tomber en avant. Un voisin d'en face me crie qu'il est mort, car il ne bouge plus. Quelques instants après les ambulances de la mairie confirment ce triste fait. Ce n'est qu'à huit heures que les coups de feu cessent, le canon seul tire de temps à autre.

Dimanche, 16 avril. — Dès cinq heures, les canons des remparts tirent de quart d'heure en quart d'heure ; à neuf heures, la fusillade recommence. Le bruit me paraît plus éloigné, pourtant les balles passent devant la maison et sifflent au-dessus de la cour. A dix heures et demie, je me hasarde par-dessus les murs pour chercher de la viande et du pain. La boulangère a reçu ce matin un obus qui, entré par le premier étage, est tombé dans la boutique après avoir tout brisé dans deux pièces du premier. Le dommage n'est que matériel, fort heureusement. A onze heures, un orage éclate et fait cesser la fusillade ; seul le canon tonne, mais les Versaillais ne répondent pas à ce tir, de sorte que nous sommes ici sans savoir lequel des deux partis avance ou recule. Jusqu'à quatre heures et demie les coups se ralentissent. A peine si l'on entend par-ci par-là une détonation. Mais à partir de quatre heures et demie elles commencent à se suivre sans interruption jusqu'à la fin de la journée.

Lundi, 17 avril. — Nuit bruyante. Dès cinq heures le canon redouble et fait rage sur la barricade établie au bout de l'avenue du Roule. A sept heures le calme paraît vouloir s'établir. Je me décide à partir pour Paris, où je n'ai pas été depuis samedi 8 avril, malgré deux tentatives. Muni d'un laisser-passer, j'escalade les murs des voisins et je passe la porte des Ternes en rampant sur le sol, car, aperçu sans doute par quelques lignards, plusieurs balles sifflent près de moi.

Je m'assure auprès du chef de poste de l'heure de fermeture des portes et de la faculté de pouvoir rentrer par le même chemin. Puis je m'élance dans l'avenue des Ternes. Tout est fermé, volets, jalousies, stores. Seules les portes des marchands épiciers, boulangers, sont entr'ouvertes. Faubourg Saint-Honoré, mêmes précautions. De temps à autre, un passant qui traverse en courant la rue, voilà tout ce qui indique que ce quartier, d'ordinaire si remuant, si peuplé, n'est pas complétement abandonné. Ce n'est qu'à partir de l'hôpital Beaujon, près le boulevard Haussmann, que l'on retrouve l'activité de Paris. Mais, ici encore et sur les boulevards, toutes les boutiques qui ne vendent pas de comestibles sont fermées.

Je n'ai vu aucun magasin de luxe, tel que bijouterie, bronzes, ouvert. Giroux lui-même n'avait que la moitié des volets défaits. Triste spectacle qui serre le cœur.

Au bureau, sur vingt-trois employés, je n'en trouve que cinq qui se morfondent, car on ne voit personne, disent-ils.

Dès samedi 8 avril, ceux des employés qui sont susceptibles d'être pris pour la garde nationale ont été autorisés à se mettre en lieu sûr. Les uns sont partis pour Saint-Denis, d'autres pour Enghien, Pontoise, Meulan, Fontainebleau, etc.

Je quitte le bureau à une heure. Je me rends chez M. F. V. pour le remercier de la médaille commémorative qu'il a bien voulu m'adresser en souvenir des quelques services rendus pendant le siége des Prussiens comme brancardier. Il descendit l'escalier et son accueil fut des plus cordiaux. Il s'informa avec intérêt de Jos..., des enfants, m'engagea fortement à me réfugier soit à Saint-Denis, soit à Bruxelles; m'offrit même l'avance de fonds si je pouvais en avoir besoin. Je le remerciai chaudement, et notre conversation fut interrompue par l'arrivée d'un client. Je me dirige alors rue Moncey, après avoir acheté en route un peu de chocolat et du lait concentré pour notre bébé. Là je rencontre M. de Les..., qui me manifeste sa satisfaction de me revoir sain et sauf et d'avoir de bonnes nouvelles des miens. J'attends pendant quelque temps le retour d'une personne que j'avais envoyée à Saint-Denis chercher les lettres à mon adresse. Ne la voyant pas revenir, il me tarde d'essayer de rentrer chez moi, car il semble que les détonations deviennent plus pressées. Arrivé près de la porte des Ternes, je me rends compte de la direction du feu, je prends mon courage à deux mains, et, après avoir exhibé mon laisser-passer, je franchis le pont-levis. Grande fut ma joie de me retrouver au milieu des miens. A cinq heures et demie, le bruit de la canonnade cesse. Seuls les coups de fusil se font entendre.

Nous pouvions donc dîner dans la salle à manger, pour nous réfugier après dans la cave. Notre sommeil ne fut pas interrompu.

Mardi, 18 avril. — Dès six heures, canonnade et fusillade recommencent de plus belle. Décidément le terrain est disputé et les progrès de part et d'autre ne sont guère sensibles; ils peuvent varier de deux à trois cents mètres, au juger des coups de feu qui s'échangent du côté de Paris, boulevard d'Inkermann. Pourtant les Versaillais envoient des obus cette fois sur la porte des Ternes. Leur intention est évidemment d'enfoncer cette porte, comme ils ont fait de la porte Maillot. Mais leur tir est tantôt trop court et nous cause des dégâts, tantôt trop long, car il dépasse la porte et va jeter l'épouvante dans Paris, avenue des Ternes, rue Demours, place Saint-Ferdinand et aux environs. A neuf heures et demie le bruit se ralentit. Il me tarde d'avoir les lettres de mes parents. Je me risque donc par-dessus les murs, prends un laisser-passer à la mairie, où je signe une protestation contre le bombardement de Neuilly et une demande d'armistice. Arrivé derrière le remblai qui fait face à la porte des Ternes, j'entends le sifflement d'un obus. Il éclate devant le canon qui commande l'avenue du Roule, tue un artilleur, en blesse deux autres et endommage la pièce à tel point qu'elle est mise hors de service. Heureusement que j'étais à l'abri derrière un tas de pierres provenant des maisons rasées en cet endroit. Trop loin de chez moi pour rebrousser chemin dans un pareil moment, j'enjambe le pont-levis, et me voilà dans Paris.

Les projectiles tombent sur les fortifications. Le moment de trêve qui m'avait engagé à sortir a servi aux Versaillais à rectifier leur tir, et leurs obus n'atteignent que les combattants sur les remparts. Le chef du poste m'indique un passage à travers le château des

Ternes, par lequel je gagne non sans émotion
le chemin de fer, que je longe juqu'à la place
Pereire. Je prends le boulevard Malesherbes
et j'arrive rue Moncey. La concierge n'a rien
reçu pour moi. Je cours au bureau. Comme
aucun client ne se présente, je prends mes
dispositions pour retourner à Neuilly. Arrivé
à l'hôpital Beaujon, je puis me rendre compte
que la canonnade de ce matin a repris toute
sa vigueur et que l'on est décidé à démolir la
porte des Ternes. J'avance toujours et dans
l'espoir de pouvoir profiter d'un moment de
répit pour me glisser à travers les décombres
au delà des fortifications jusque chez moi: car
je crains plus les balles que les obus, dont
l'arrivée s'annonce toujours plus ou moins.
Au rond-point des Ternes, un obus éclate à
150 mètres sur ma gauche dans une maison.
Les habitants du quartier sont occupés à ras-
sembler ce qu'ils peuvent. Les uns fuient vers
le centre de Paris, d'autres descendent dans
leurs caves. J'appuie à droite, prends par l'a-
venue de Wagram une rue qui me conduit rue
Villiers. Le sifflement d'un obus m'annonce
son approche, je me jette à plat ventre le long
d'un mur, et j'attends. Heureusement que le

projectile s'enfonce sans doute, de l'autre côté du mur, dans un terrain fraîchement labouré, car il n'éclate pas; mais toute la rue est envahie par une trombe de terre végétale entremêlée de fumier.

Je me relève et cours dans le parc du château des Ternes. Les maisonnettes entourées de jardins sont toutes fermées, quelques-unes percées de part en part. J'entends pourtant des voix humaines dont les sons partent des caves.

J'arrive au poste du bastion. Le chef s'oppose formellement à ma sortie. Il y a eu 15 blessés et 3 morts parmi les artilleurs. Je comprends ses scrupules, mais j'aurais pourtant préféré affronter la pluie des obus et n'avoir qu'une centaine de pas à faire plutôt que de faire un détour d'une demi-heure pour le moins à travers champs, où les balles passent à tort et à travers. Enfin, il faut pourtant que je rentre auprès des miens.

Je longe les bastions le plus près des remblais et j'arrive à la porte Bineau. Les obus tombent toujours derrière moi; mais plus j'avance, plus le danger diminue. Mais que me réserve l'autre côté des remparts? A la porte

Bineau, le chef de poste, malgré mon laisser-passer, exige le cachet de la Commune et le visa.

Je continue mon chemin. A la porte Villiers, même réponse. Allons plus loin, porte d'Asnières. J'arrive au moment où un renfort d'artilleurs demande passage. On baisse le pont-levis et je me glisse avec les hommes.

Me voilà hors de Paris, un poids de moins sur le cœur, car on m'avait dit que toutes les portes étaient interdites aux hommes âgés de moins de quarante ans.

Je rampe, je cours d'une élévation de terrain à l'autre, et arrive ainsi à gagner les maisons en dehors de la zone. Le danger diminue au fur et à mesure que j'avance, sauf l'avenue du Roule à traverser. Enfin me voilà rue de la Mairie, au coin de notre avenue. Huit personnes sont là qui attendent, quelques-unes depuis une heure, un instant favorable pour passer. Deux gamins de huit à dix ans traversent en courant l'avenue. Aussitôt quinze à vingt balles sifflent dans cette direction. Me voilà renseigné: je ne puis passer sans m'exposer à attraper une balle. J'allume un cigare et j'attends.

La plupart des personnes qui attendent sont des pères de famille qui, comme moi, ont dû se risquer à entrer dans Paris pour chercher de la nourriture. Aussi les paquets dont ils sont porteurs les embarrassent-ils pour courir, et pourtant ils ne peuvent abandonner les vivres. Parmi eux se trouve aussi un journaliste qui prend force notes sur ce qu'il voit et entend.

Nous étions décidés à attendre la nuit. Une voiture d'ambulance arrive pour prendre les blessés à la mairie. Le journaliste seul est admis, et le cocher fouette le cheval à coups redoublés pour traverser Pas un coup de fusil n'est tiré. Deux hommes, encouragés, se risquent et traversent à toutes jambes. Aussitôt plusieurs balles sifflent sans atteindre personne. J'escalade un mur, je passe par le jardin de M. B..., j'escalade un second mur, et je me trouve ainsi en face de chez moi, séparé par cette diable d'avenue. J'aperçois de loin M R..., mon voisin. Je l'appelle et le prie de prévenir ma femme que je suis de retour.

Il était quatre heures. Je puis voir les dégâts causés aux nos 25 et 25 *bis*. Toutes les fenêtres brisées, quatre obus ont effleuré la maison, en enlevant la moitié des moellons. Chez moi je constate une cheminée de moins. M. R... me crie qu'il n'y a pas d'autres dégâts. Ce n'est qu'à sept heures et demie, à la faveur de l'obscurité, que je traverse l'avenue et que je puis embrasser ma femme et mes enfants, qui ont dû rester depuis onze heures dans la cave sans pouvoir monter un seul instant.

A quoi donc sert ce bombardement terrible? Ne pourrait-on convenir de se battre à coups de fusil, puisque ce n'est que les armes à la main que l'on cherche à avoir raison de part et d'autre? La cuisinière me dit qu'un éclat est venu tomber sur la marquise de la cuisine. Je verrai cela demain, l'obscurité m'en empêche aujourd'hui. Fatigué, du reste, par les marches et contre-marches que j'ai dû faire, rompu d'émotions, je me couche à huit heures un quart, et m'endors au bruit du canon qui résonne dans le lointain.

Mercredi, 19 avril. — Dès six heures, nous sommes réveillés par le bruit de la canonnade. Les canons des remparts ripostent faiblement, mais les obus venant des troupes régulières éclatent à tous moments avec fracas, percent les maisons voisines et nous inondent de plâtres et de pierres. Impossible de sortir ni même de rester tranquille, soit dans la cour, soit dans le jardin. Le sol est jonché de débris de toute sorte, l'avenue est encombrée de branches d'arbres et de vitres cassées. Le volet du bureau de M. M. est percé, trois vitres sont brisées, et nous trouvons, M. R. et moi, chacun un éclat d'obus. Vers une heure et demie, en entrant dans mon bureau, je vois le volet brisé : le parquet est criblé de verre cassé. En approchant de la croisée, mon pied heurte contre un énorme morceau de réverbère pouvant peser 4 kilog. Fort heureusement, point d'autres dégâts que deux carreaux cassés. Un obus ayant frappé sur le réverbère de l'avenue l'a brisé en morceaux, et la force a été telle que cet énorme fragment a été lancé à 15 mètres de distance et 4 mètres de haut, et est entré chez moi. J'avais laissé toutes les portes ouvertes pour amortir les vibrations. Tout de suite, je mets entre chaque volet et les fenêtres donnant sur l'avenue un matelas, afin de protéger un peu l'intérieur contre de pareils coups, car je ne puis songer à déménager les gros meubles. Fusillade et canonnade sont accompagnées cette fois du bruit strident des mitrailleuses, dont le crépitement s'approche visiblement. Un vent très-fort augmente ce vacarme. Je me réfugie prudemment dans la cave. J'ai ramassé mon douzième obus, et suis dégoûté d'en faire collection. Le toit du magasin est pour ainsi dire à jour, et la pluie qui tombe par torrents inonde le grenier. Jusqu'ici la couverture de notre pavillon n'a pas eu de trous sérieux. A quand la fin ?

Jeudi, 20 avril. — Ce n'est qu'à neuf heures et demie, profitant d'un moment de ralentissement des feux, que je passe par-dessus les murs afin de chercher quelques provisions. Le boulanger a reçu trois obus; le boucher, un; le charbonnier a été endommagé par des éclats. Bref, la rue de Sablonville et la rue de Chartres sont abîmées et me rappellent les pauvres villages détruits par le feu des Prussiens. Mais au moins ces villages ont pu être évacués par les habitants, tandis qu'ici les habitants ont été surpris, dès le dimanche des Rameaux, par un bombardement qui n'a réellement pas cessé depuis ce jour. La Commune décrète la suppression des journaux *le Soir* et *l'Opinion nationale*. Dombrowski, malgré ses prétendus succès, demande du renfort.

Les Versaillais paraissent s'acharner aujourd'hui sur la porte Maillot. Mais à trois heures un quart les mitrailleuses s'approchent, les obus sont lancés de nouveau sur la porte des Ternes; un obus frappe un jeune arbre de l'avenue, en face du bureau de M. M..., et les éclats brisent les deux volets des fenêtres des chambres et s'enfoncent partie dans la cheminée, partie dans les murs.

Vendredi, 21 avril. — Dès six heures, le vacarme recommence de plus belle. La maison d'à côté, 25 *bis*, est visitée par quatre obus qui traversent le mur de séparation et vont éclater dans les appartements, heureusement évacués. Moellons, éclats de vitres, débris de volets, couvrent notre cour. La fusillade seule diminue vers le milieu de la journée, mais, en revanche, les mitrailleuses approchent sans que l'on sache au juste d'où les coups partent ni où ils portent.

A quatre heures de l'après-midi, un obus éclate de nouveau en face de nous. Un éclat traverse le volet du bureau de M. M... et vient se fixer avec une telle force dans la cuvette de sa sonnette qu'il est impossible de l'en arracher. Si nous sommes préservés d'autres malheurs, il y restera en souvenir de ces procédés barbares dont la civilisation moderne fait si impitoyablement usage. Ce n'est qu'avec la nuit que ce tapage, qui devient de jour en jour plus intense, commence à se calmer.

Samedi, 22 avril. — A six heures et quart, un épouvantable bruit nous réveille. C'est un cinquième obus qui traverse le 25 *bis*, au second étage. La canonnade seule continue avec furie. Durant tout le siége des Prussiens, pareille pluie de projectiles n'a jamais été dirigée sur un pauvre village, sur une pauvre ville comme Neuilly. Impossible de sortir. Quand verrons-nous la fin de tout cela?

Dimanche, 23 avril. — Dès sept heures, le duel d'artillerie recommence. Les coups de fusil sont moins intenses. Je vais de nouveau aux provisions et suis assez heureux pour pouvoir trouver du pain, quelques côtelettes et des biscuits Vers cinq heures seulement, un calme relatif se rétablit. Le boucher, qui a pu se procurer le *Petit Moniteur*, me signale un article qui nous fait espérer une trêve de quelques heures pour demain lundi. C'est bien le cas de dire : qui vivra verra.

A partir de cinq heures et demie, un calme complet s'établit et nous avons bon espoir que les pourparlers aboutissent.

Lundi, 24 avril. — Hélas ! au lieu du calme que nous espérions, nous sommes réveillés à six heures et demie par trois détonations formidables auxquelles succède le sifflement des obus. L'un d'eux traverse le mur du grenier, y éclate et bouleverse tout dans l'intérieur. Quatre éclats traversent même le plancher et viennent s'abattre avec fracas dans le magasin. Les obus arrivent par intermittence et frappent le peu de tuiles qui restent sur le grand toit qui couvre les magasins.

J'écris par l'entremise d'un gamin qui se charge de mettre mes lettres à la poste. A peine ma lettre partie, l'on parle d'une suspension d'armes, qui aurait pour but de permettre aux habitants de Neuilly de déménager. Mais rien d'officiel ne nous est communiqué. Pourtant, le bruit de la canonnade cesse. Par-ci par-là, quelques coups de fusil se font entendre et nous empêchent d'oublier la situation dans laquelle nous nous trouvons.

Mardi, 25 avril. — Dès six heures, la canonnade recommence et le sifflement des obus se fait entendre distinctement de la cave. Ces projectiles sont lancés en grand nombre sur les portes Maillot et des Ternes. A neuf heures et quart seulement le vacarme cesse comme par enchantement. Une voiture se fait entendre, puis une autre. Je cours à la porte et vois bon nombre de véhicules de toutes sortes, omnibus, voitures de déménagement, voitures d'ambulance, tapissières, etc., etc. Je me dirige vers la mairie pour savoir ce que signifie ce nouveau genre de bruit auquel nous n'étions plus habitués. Là, beaucoup de personnes, quelques paquets de linge ou de vêtements à la main, envahissent les voitures de l'ambulance de la Presse. Elles ont hâte de fuir la localité et seront dirigées sur Paris. Le secrétaire général me fait lire une lettre d'un colonel d'état-major adressée hier au soir, à dix heures, au citoyen maire, qui l'invite à prévenir les habitants de Neuilly qu'il y aura demain, soit aujourd'hui mardi, une suspension d'armes, et cela à partir de neuf heures. Or, à neuf heures dix minutes, les pièces du rempart tiraient encore; du reste, la lettre ne mentionne pas la durée de la trêve. Comment interpréter cette invitation ? Je demande un laisser-passer et me dirige vers Paris par la porte des Ternes. Le chef du poste me refuse l'entrée. Il veut que je ramène des blessés. Je fais signe à un cocher qui passe avec sa voiture vide, je retourne à la maison, vais chez le docteur Duval, qui n'a plus de blessés, mais qui me dit qu'il y a plusieurs morts à la mairie. Qu'ils dorment en paix, ces malheureux ! Je vais par la rue Perronnet jusqu'à la rue de Chézy. Plus de maisons à partir du boulevard Inkermann, plus d'arbres, dévastation complète. Les fédérés sont occupés à construire une barricade sur ce point. A 150 mètres de là, les Versaillais travaillent à des travaux semblables. Là, j'apprends que la suspension d'armes durera jusqu'à cinq heures. Je retourne vers Paris et passe par la porte Bineau. A la gare de Courcelles, boulevard de Neuilly, barricade formidable. Place Clichy, au contraire, les pièces de canon et la barricade ont été enlevées. Ma belle-sœur m'apprend que Mme Baptiste est partie dès neuf heures avec une voiture de déménagement pour venir nous prendre. Elle me fait lire une affiche qui invite les habitants de Neuilly à fuir et à profiter de la suspension d'armes qui durera de neuf heures à cinq heures. J'ai hâte de retourner à Neuilly. En route je rencontre M. B..., auquel je conte ma situation. Il m'engage à me mettre en sûreté, car, dit-il, on fait de nombreuses arrestations pour *enrôler* les citoyens aptes au service. Je trouve ma femme en larmes. M. R..., chef de l'ambulance américaine, est là ; il nous adjure de partir. Si les arrangements n'aboutissent pas, on va se servir des bombes à pétrole, incendier tout Neuilly, en un mot, raser la localité.

Jolie perspective. Nous tenons conseil. Ma femme ne quittera la maison qu'à contre-cœur. Drinne et Adèle ne veulent pas tomber entre les mains des fédérés; elles préfèrent rester à notre service. Tant mieux! car le bon naturel d'Adèle nous convient et distrait nos enfants. Quoique M. R... soit là, avec une voiture dans laquelle nous aurions pu prendre place et sauver deux ou trois malles, il aurait fallu laisser tout notre mobilier et abandonner la maison sans savoir si je pourrais personnellement franchir les avant-postes, ce dont on ne pouvait répondre. M. R..., à force de persuasion, m'engage à venir voir son ambulance, établie rue Perronnet. Au retour, je rencontre MM. Louis et F^x V..., ainsi que M. P... Le premier se détache, sur la recommandation du second, pour persuader ma femme de partir. Arrivé chez nous, dans la cave, et voyant notre installation, il perd visiblement de son autorité. Ma femme se jette dans mes bras et me dit : « N'est-ce pas, nous pouvons rester? » M. Louis V... ne paraît pas aussi impératif que M. R...

Celui-ci revient, fait entrer sa voiture dans la cour, et se tiendra là jusqu'à la dernière heure, pour nous mettre, au besoin, sous la protection du drapeau de la convention de Genève. Mme Baptiste n'aura pu franchir les portes, car nous ne la voyons point arriver. Cinq heures sonnent, il faut se séparer. Le drapeau parlementaire est enlevé. Un premier coup de canon est tiré à blanc, et, dix minutes après, canonnade et fusillade rivalisent ensemble pour faire un bruit infernal. La porte de notre cave en tremble dans ses gonds. Les enfants avaient largement profité de cette suspension d'armes. Toute la journée a été passée au jardin : aussi descendent-ils sans peine dans la cave qui nous sert de refuge, avec l'aide et la protection du Seigneur, que nous invoquons avec ferveur, le priant de ne point nous abandonner.

Mercredi, 26 *avril*. — Cette fois le bruit de la canonnade ne nous a pas réveillés. On m'affirme pourtant dans la ville, où j'ai pu me glisser, qu'à cinq heures la canonnade avait recommencé. Intermittence de bruit de canonnade et de fusillade. Les mitrailleuses paraissent aussi donner avec acharnement. Vers deux heures, grand incendie à côté de nous, rue du Nord. Un quart d'heure plus tard, et notre grenier flambait aussi Malgré une pluie d'obus qui passent par-dessus nos têtes, nous travaillons d'abord à donner le moins de prise possible aux flammes qui lèchent la charpente. Puis nous faisons des efforts pour éteindre ce brasier qui a incendié le toit, le grenier et le premier étage de notre malheureux voisin. On m'affirme que le 195e bataillon aurait pris la barricade de la rue Perronnet. Est-ce vrai?

Jeudi, 27 avril. — Nuit fort brillante. Le canon tonne avec vigueur de part et d'autre. Nous craignons un incendie et nous sommes convenus avec MM. R... et H... de faire des factions et des rondes à tour de rôle. Journée assourdissante, sauf de dix heures à onze heures et demie. Pendant cet intervalle, R..., qui était monté sur le toit pour couvrir les plus gros trous, reçoit autour de lui une grêle de morceaux d'obus; heureusement aucun d'eux ne l'atteint. Impossible de dire si Versaillais ou fédérés avancent de ce côté-ci. Pluie battante.

Même journée que celle du 26 : artilleurs et tirailleurs paraissent infatigables. Vers quatre heures, un fracas épouvantable nous appelle en haut. C'est un obus qui a frappé dans un magasin du côté de la cour. La brèche est énorme. Nous nous précipitons dans le grenier Point d'incendie. Soirée calme. Beau clair de lune. Le 80e bataillon remplace le 195e.

Vendredi, 28 *avril.* — Je profite d'un moment de répit pour aller aux provisions. Impossible de trouver ni coke, ni beurre, ni huile à manger ou à brûler, ni légumes secs. M. R... a été retirer un obus tombé sur le toit de son pavillon.

Samedi, 29 *avril.* — Jusqu'à quatre heures, rien de nouveau à signaler. A sept heures arrivent cinq éclaireurs, accompagnés de deux gardes nationaux armés pour faire la recherche d'un homme dangereux, dit-on, caché dans ma propriété. J'étais occupé au grenier à ranger du bois, lorsque H.. me prévint de cette visite importune. J'avais bien entendu plusieurs voix d'hommes et le cliquetis des armes, mais je pensais que c'était dans la rue du Nord. Je descends donc et trouve R..., ma femme et les enfants parlant à ces individus. Ils étaient déjà dans la cour et avaient visité l'écurie. Je crus que R... leur avait demandé leur mandat, ce qui m'engagea à laisser voir la propriété. Ces hommes firent une recherche fort minutieuse, pointant leurs sabres dans les bottes de paille, frappant sur presque toutes les tonnes et futailles assez grandes pour contenir un homme. Naturellement la cave n'échappa pas à leurs investigations, mais tout naturellement aussi ils ne trouvèrent personne. Pendant leur visite, les voisins vinrent nous prévenir qu'une délégation de francs-maçons était partie pour Versailles, afin de tenter une conciliation. En cas d'échec, les hostilités reprendraient de plus belle. Les hommes parlèrent de leur côté de nouveaux moyens, bombes à pétrole, feu grégeois et autres expédients. Langage évidemment exagéré et tendant à faire partir les habitants résolus comme nous à rester pour protéger leur propriété. La visite n'était terminée qu'après une durée de une heure et demie, soit vers six heures et demie.

Vers sept heures arrive le concierge de M. D..., accompagné d'un autre habitant de Sablonville. Il nous annonce que ces hommes qui étaient venus n'avaient reçu nullement mission de rechercher qui que ce fût. C'étaient de hardis pillards, et il fallait nous méfier, car pareille démarche avait été faite deux jours auparavant à Sablonville, et la nuit suivante la propriété avait été dévalisée. Il me promit d'en parler à l'un des capitaines d'état-major qui demeurait chez lui, rue Perronnet. Nous tînmes conseil et résolûmes de veiller ensemble la nuit, afin d'être prêts à la première alerte. Je prévins également le concierge et l'un des voisins, qui eux devaient se rendre, l'un à la mairie, l'autre à l'état-major du général Dombrowski, pour réclamer du secours en cas de besoin, tandis que je parlementerais avec la bande. Nous avions déjà établi une cloche d'alarme entre nous et le 25 *bis*, pour nous porter secours mutuellement.

A neuf heures, arrive tête nue un officier décoré de deux rubans et que je reconnus pour un capitaine. Il me demanda brièvement ce qui s'était passé et me dit textuellement : « Eh bien ! Monsieur, si quelqu'un se présente chez vous maintenant sans un ordre formel de l'état-major et portant le timbre rouge de la Commune, je vous autorise à lui brûler la cervelle. Je me charge de vous justifier. »

A minuit et demi environ, nous entendons les pas de plusieurs hommes; les voix s'approchent, et il semble que l'on prend des dispositions, soit pour cerner la maison, soit pour essayer d'ouvrir la grille. Peu d'instants après, l'on sonne. Je laisse faire. On sonne encore. On sonne de nouveau. Après une dizaine de coups de sonnette, je me présente à la grille, m'excusant d'avoir fait attendre ; mais, logeant dans la cave, il m'a fallu plus de temps pour accourir. R... et H... étaient restés en arrière et ne devaient se montrer qu'en cas de besoin Je demande ce que l'on veut. Un sergent me répond qu'il a mission d'établir un poste de quatorze hommes. Je lui demande l'ordre. Il cherche vainement dans un petit portefeuille. Les hommes prennent la parole. Les uns conseillent d'enfoncer les volets. D'autres recommandent le calme et proposent d'aller chercher un officier. « Ouvrez de suite, ou voulez-vous que je vous brûle la cervelle ? — Mais faites donc sauter les volets, nous entrerons bien. » Et, en même temps, j'entends armer trois ou quatre fusils. Je m'efface derrière le pavillon de M. M. . et crie : « A moi, au secours ! » Au même instant H... accourt, R... sonne la cloche, le voisin m'appelle, sa femme crie : « Allumez toutes les lumières, on assaille le voisin. » Il me semble qu'à ce tapage inattendu quelques hommes s'éloignent, et j'entends distinctement ces paroles : « Mais s'ils s'en vont tous, nous ne serons donc plus que quatre ? On m'interpelle de nouveau, disant que l'on va chercher du renfort. — Fort bien. Si vous croyez avoir le droit de pénétrer par force nuitamment dans un domicile privé, agissez comme il vous plaira. Je pense pouvoir vous refuser la porte sans un ordre formel. » Dix minutes environ s'écoulent, lorsque je suis de nouveau invité à ouvrir. Sur ma demande : « Qui se présente ? » l'on me répond : « Le capitaine Delmer, envoyé par l'état-major. — D'où ? — De la rue

Perronnet. — Avez-vous un ordre ? — Oui. »
J'approche, ayant cette fois à ma droite
H..., à ma gauche C..., notre voisin. On me
fait passer l'ordre. Après l'avoir lu, je vois
qu'il s'agit en effet d'établir un poste de quatorze hommes pour garantir la maison de commerce.

Je fais observer que je ne puis ouvrir la grille, qui dépend du marchand de vins ; que je vais prévenir le chef de cave. R... était parti pour l'état-major, après avoir prié M. C... de le remplacer. On m'accorde vingt minutes de réflexion. R... revient au bout de dix minutes. La résistance n'était plus justifiée de notre part. Je passe l'ordre à M. R..., qui ouvre la grille. Le lieutenant Michel, chef du poste, s'excuse alors de la manière brutale dont le capitaine avait demandé à entrer.

Je ne sais pas si les hommes qui entrent, au nombre de treize, sont les mêmes qu'il y a un quart d'heure, ou bien d'autres envoyés pour nous protéger. Nous assignons la salle à manger et la cuisine de M. M... comme poste, et nous nous retirons, incertains si nous logeons des gens de l'ordre ou des pillards. M. C... se retire aussi. Il croit que ces hommes sont chargés de nous surveiller afin que l'on n'enlève pas de marchandises, que l'on se réserve de s'attribuer plus tard.

Dimanche, 30 avril. — La députation des francs-maçons n'étant pas encore revenue, la suspension d'armes continue. Nous utilisons ce temps pour descendre encore des meubles à la cave. Vers midi, on vient relever le poste. C'est le lieutenant Lefèvre, de la 4ᵉ compagnie du 192ᵉ bataillon, quatrième de marche, qui le remplace, avec seize hommes. D'après la consigne, il paraît que c'est décidément un poste de protection que nous avons là. J'ai appris plus tard que, des hommes ayant découvert une cave assez bien montée, toute la compagnie s'était tellement enivrée que les trois quarts avaient été pris par les Versaillais. Le général veut éviter le retour de pareils faits. Dans la matinée, plusieurs adjudants, capitaines, et même un sous-intendant, sont venus faire une visite pour savoir combien de vin il pouvait y avoir. Cluseret, révoqué de ses fonctions de délégué à la guerre, est arrêté et Rossel nommé à sa place.

Vers une heure, M. R... vient nous voir. Son langage paraît moins alarmiste, toutefois il manifeste peu d'espoir dans la démarche des francs-maçons. Vers deux heures, M. Louis V... nous fait une visite. Il exprime de l'espoir. A trois heures et demie entrèrent quatre fourgons accompagnés d'un brigadier avec un ordre d'enlever le vin, huit pièces et trois cent cinquante bouteilles de vins fins. MM. R... et H... ne purent protester. Ils se mirent à la besogne pour livrer la marchandise réquisitionnée. Pendant ce travail, l'intendant revint et affirma que l'on enlevait ces liquides pour les mettre à l'abri, et que la Commune en tiendrait compte. Je fis avec R., qui était revenu à quatre heures, un tour vers la porte Maillot. Les deux portes sont fracassées. Le mur d'enceinte est en partie démoli, mais le fossé est loin d'être comblé par les matériaux écroulés. La gare du chemin de fer ne présente plus qu'une ruine. Bon nombre de maisons sont fortement atteintes et doivent être inhabitables. Triste spectacle.

A six heures et demie les hostilités reprennent. En un clin d'œil, les habitants qui, comme nous, avaient profité de la suspension pour se promener, si cela peut s'appeler se promener, s'éclipsent, et l'avenue, animée un instant, est de nouveau déserte. Le bruit de la canonnade devient terrible. Mus par un même sentiment, nous nous recueillons pour prier. A huit heures seulement le tapage diminue et nous permet de prendre notre repas. Je monte pour parler au chef de poste. Vers neuf heures, nous cherchons, après avoir demandé de nouveau au Seigneur de nous conserver sa grâce, à prendre un peu de repos, nos rondes devenant superflues puisqu'il y a un poste. J'écris à mes parents par R...

MAI 1871

Lundi, 1ᵉʳ *mai*. — Journée plus calme. Quelques visites encore de la part des fédérés. Personne ne peut dire de quel côté est véritablement l'avantage.

Mardi, 2 *mai*. — Rien de saillant à marquer. Le combat continue. Vers une heure on vient relever le sous-lieutenant Lefèvre. En passant chez Mᵐᵉ Laine pour chercher quelques provisions, elle me fait hommage d'un obus qui est tombé chez elle sans éclater. La bonne dame n'ose toucher ce monstre qui contient une livre de poudre dans ses entrailles. Je m'en empare délicatement et lui fais prendre un bain. Nous remarquons avec un plaisir relatif que le tir de part et d'autre a été singulièrement rectifié. Les obus passent en droite ligne sur l'avenue. Quelques-uns pourtant n'arrivent pas jusqu'au but, les remparts, et éclatent ou glissent sans éclater entre nous et les portes de Paris. J'avoue que nous en avons reçu assez, et les dégâts sont suffisamment considérables pour nécessiter de grosses dépenses de réparations.

Mercredi, 3 mai. — J'attrape un gamin à mine intelligente et honnête qui gagne sa vie en vendant les journaux dans la localité. Je fais un prix avec lui pour qu'il remette mes lettres à la poste, et j'espère ainsi pouvoir donner de mes nouvelles à mes parents et à quelques amis. Nous lisons avec avidité les journaux. Hélas ! ils ne nous apprennent rien de nouveau et paraissent énormément exagérer les faits. Le canon ne gronde que par intervalles. La fusillade le remplace. Point de bruit de mitrailleuses. Nuit calme.

Jeudi, 4 mai. — M. C... arrive, il vient me voir. Après deux heures de conversation, il repart par-dessus les murs. Vers onze heures on a relevé le poste. A quatre heures le factionnaire me fait prévenir qu'un obus vient de casser deux arbres sur l'avenue devant notre pavillon et qu'il repose là après cette besogne destructive. Deux hommes veulent bien aller le prendre, et nous l'immergeons dans un grand seau d'eau. J'entreprends de décharger le premier. L'opération réussit à souhait. J'en connais maintenant le mécanisme, qui est infiniment plus simple que celui des obus prussiens.

De six à sept heures du soir, affreuse canonnade. Toutes les pièces de rempart tonnent à la fois. Les Versaillais répondent peu, mais les boîtes à mitraille arrivent en grand nombre. A huit heures, une lueur inusitée rougit le ciel. Le feu a pris avec une telle violence, rue du Marché, que le jardin de notre voisin paraît tout en feu. La clarté était telle qu'on pouvait facilement lire un journal dans la cour. Je fais défoncer quatre futailles et prie les hommes du poste de m'aider à les remplir, pour le cas où nous serions atteints. Dans moins de dix minutes ces quatre récipients d'un fort calibre sont pleins, et je vois avec satisfaction que nous pouvons compter sur le poste.

Espérons que les Versaillais ne le découvriront pas, car notre maison serait rasée ; et pourtant ces hommes ont reçu ordre de ne pas tirer de la maison, à moins que nous ne la quittions. L'incendie se localise évidemment, car le foyer ne s'étend pas, mais le brasier monte plus haut et ressemble à une fournaise. Au bout de trois quarts d'heure nous n'apercevons plus rien. S'est-on rendu maître du feu, ou bien cet élément destructeur n'a-t-il pas rencontré d'aliments ? Je l'ignore. Le bruit sourd des voix diminue également.

Vendredi, 5 mai. — Journée calme et moins bruyante.

A onze heures et demie arrive mon gamin. Il m'apporte des lettres et des journaux. Le *Petit Moniteur* parle de nouvelles tentatives de conciliation. Est-ce possible ? Mais il faudrait pour cela que l'Assemblée se soumît à une nouvelle élection. Les partisans de Thiers et ceux de la Commune pourraient appuyer leur opinion non pas avec le canon, mais par un vote, et je suppose qu'une nouvelle composition de l'Assemblée arriverait plus vite au terme des hostilités. De six à huit heures du soir, reprise de la canonnade.

Samedi, 6 mai. — Dès six heures et demie la canonnade reprend avec fureur de part et d'autre. Est-ce le grand coup ? Le vacarme est infernal et ne cesse que vers dix heures.

Voilà trois heures et demie bien employées. Le 25 *bis* a reçu trois nouveaux obus qui ont traversé le mur mitoyen. Nous, nous avons été touchés par des éclats qui ont brisé encore des tuiles. A onze heures, le calme se faisant, je passe le mur et vais chercher deux verres à lampe et du pain. Pendant la journée, de temps à autre, des coups partent sans que l'on sache pourquoi. Je vois plusieurs bataillons rentrer dans Paris. Est-ce une retraite ou bien un changement de front ?

J'écris à mes parents, à Sophie, à Léon. Joséphine écrit à Mme Po...

Le soir, de six à huit heures, nouvelle canonnade Le feu est bien dirigé cette fois et ne nous cause aucun dommage. La Commune a décrété hier la destruction de la chapelle expiatoire de Louis XVI.

Dimanche, 7 mai. — A sept heures, quelques coups de canon se font entendre. Matinée calme. Pourtant, de loin en loin, les Versaillais envoient des boîtes à mitraille dont les projectiles ne laissent pas de nous inquiéter, et nous obligent de rester constamment sur le qui-vive

Après déjeuner je vais à Sablonville, ayant entendu crier un marchand des quatre saisons. Je rapporte cinq belles laitues à 20 centimes, une botte d'asperges à 4 fr., des oignons frais à 50 centimes la petite botte. Les oignons secs valent 12 fr. le boisseau, je m'en prive. Deux boisseaux de pommes de terre à 22 sous complètent ma provision. Y a-t-il armistice, ou veut-on simplement respecter la journée du Seigneur ? Mais les détonations sont rares. Je fais une visite à M. Ch., notre voisin d'en face. Il me donne deux têtes de laitue et de l'oseille. Je visite l'asile Mathilde, affreusement abîmé. Le concierge du 26 me fait voir sept obus qui sont tombés dans le jardin sans éclater. J'emporte l'un de ces projectiles, et le décharge facilement. A sept heures seulement arrive notre messager. Il nous apporte le jambon crû que mes parents avaient laissé. Soirée moins calme. A six heures et demie, le canon gronde de nouveau, on ne sait trop pourquoi. La barricade de la rue d'Orléans paraît abandonnée, et les coups de fusil sont rares et lointains.

Lundi, 8 *mai*. — A sept heures, nous sommes réveillés par les coups de canon, pièces de 24, qui partent fréquemment des remparts. Ces détonations font vibrer nos chaises suspendues au plafond de notre cave. Le calme reprend vers neuf heures. Je vais chercher du pain.

A une heure, les remparts et surtout la porte des Ternes tonnent de nouveau avec acharnement. Les Versaillais tenteraient-ils l'assaut? Pourtant point de coups de fusil.

Vers cinq heures et demie, une bordée de coups de canon nous oblige à quitter le jardin, où nous étions depuis quatre heures, mettant ainsi à profit les quelques heures de calme. Le temps est magnifique. M. C... est venu nous faire visite. Le feu cesse vers huit heures Le 215e bataillon ne peut tenir et semble abandonner les barricades de la rue Perronnet.

Mardi, 9 mai. — Cette fois la nuit a été fort bruyante. Vers deux heures surtout, une vive fusillade s'est fait entendre, entremêlée de coups de canon. A sept heures, nouvelle canonnade. L'officier chef de poste me dit que la fusillade de cette nuit provient d'un bataillon, le 72e, arrivé le soir à Neuilly. Le commandant, homme inexpérimenté, avait ordonné un mouvement de droite à gauche et fait sonner la charge, de sorte que ses hommes se sont entre-tués de gauche à droite! Il y a eu dix-huit morts, sans parler de nombreux blessés. Voilà les chefs qui commandent les pauvres gardes nationaux! A neuf heures le bruit diminue. Je fais visite à M. Ro..., qui nous presse de venir nous réfugier chez lui. Il a été préservé jusqu'ici des projectiles; mais qui peut répondre de ce qui se passera une demi-heure plus tard? Il vient voir notre cave et se rassure sur notre installation. Je vais à Sablonville. On construit une barricade dans la rue de Sablonville, au coin de la rue de l'Ouest. J'achète quelques légumes, carottes, poireaux, salades, oignons. J'en plante une bonne partie au jardin. A midi on relève le poste, on nous envoie seulement dix hommes commandés par un sergent. Pendant la journée on entend au loin une fusillade peu nourrie. Quelques balles passent par-dessus le jardin et viennent s'aplatir au 25 *bis*. A cinq heures et demie, le factionnaire placé à la grille, m'ayant retenu par ses histoires sur la guerre d'Amérique, à laquelle il avait pris part, me fait oublier un instant la prudence, lorsqu'un obus éclate en face de nous dans un tas de cailloux. Une trombe de ces pierres s'abat sur toute la largeur de l'avenue et vient encombrer le passage entre nos deux pavillons. Singulier effet! Heureusement aucun éclat ne nous touche, et nous en sommes quittes pour la surprise. Je me retire, mais avant d'arriver à la cave une seconde explosion frappe mes oreilles : c'est un obus qui écorne le premier du 25 *bis* et éclate dans l'appartement. Pourquoi envoyer ces projectiles, si ce n'est pour jeter l'épouvante parmi ces paisibles habitants ? car les gardes nationaux sont là dans la cour à jouer au bouchon et ne font que plaisanter entre eux. Plusieurs coups retentissent encore, mais je suis auprès des miens. Vers neuf heures le calme renaît.

Mercredi, 10 *mai.* — Cette nuit encore a été fort bruyante. A six heures et demie, trois fortes secousses accompagnées d'un fracas épouvantable retentissent. Je saute du lit et cherche à savoir ce qui se passe, car depuis l'incendie de la rue du Nord je crains qu'un obus ne mette le feu chez nous. C'est encore le 25 *bis* et aussi le 25, maisons élevées à cinq étages, qui ont reçu les chocs

Les débris des moellons sont tombés sur la toiture du pavillon de M. M... Bientôt il ne restera plus de toit de ce côté. A onze heures le messager m'apporte le *Siècle* et le *Moniteur.* Il paraît que la Commune perd journellement de ses adhérents et de ses défenseurs. Aujourd'hui c'est le citoyen Rossel, délégué à la guerre, qui renonce à la direction des opérations militaires. Hier c'était Cluseret. Les Versaillais sont définitivement maîtres des forts d'Issy et de Vanves. Mais quels maux un si mince succès n'a-t-il pas entraînés avec lui! De notre côté, il semble qu'aucun résultat appréciable ne soit à signaler.

De une heure à trois heures et demie, forte canonnade; tir assez juste, deux ou trois obus éclatent pourtant à une trop courte distance, et nous envoient poussière et cailloux, dans le jardin que nous avions occupé auparavant.

De six heures à huit heures, calme. Mais à huit heures le vacarme recommence de plus belle. Le poste a été relevé vers cinq heures. Il n'est plus que de neuf hommes, commandés par un sergent; celui-ci ainsi que ses hommes sont fatigués de tirailler ainsi sans succès. Il me dit que son bataillon, composé de 440 hommes, n'en compte plus que 97, cadres compris. Les uns ont fui, d'autres sont morts, d'autres blessés.

A dix heures, je suis réveillé par M. R..., chef de l'ambulance américaine, qui vient savoir de mes nouvelles et me demande si j'ai besoin de quelque chose. Il est accompagné d'un marin qui commande la batterie de gauche de la porte Maillot, homme déterminé et qui vous inspire le mépris de la mort. Nous fumons des cigares et causons jusqu'à minuit, heure à laquelle ce dernier doit commencer le feu contre les Versaillais. Ils ont dû passer par les embrasures des canons. R... m'apprend que la Commune a décidé que la maison de M. Thiers serait rasée. Dix minutes après leur départ, les remparts tonnent. Le marin est à ses pièces, moi au lit: chacun prend son plaisir où il le trouve.

Jeudi, 11 mai. — A sept heures et quart, je suis réveillé par la canonnade. Les pièces du rempart ripostent peu. Mais le Mont-Valérien veut décidément enfoncer la porte Maillot, car les détonations des obus se succèdent avec rage. Et puis, une fois les remparts renversés de ce côté, quel en sera le résultat, si les troupes n'avancent pas pour pénétrer dans Paris? Les tiendra-t-on toujours éloignées à portée de canon, et est-ce là la tactique? Je n'y vois que dégradations et que ruines de maisons et de propriétaires. Le feu continue d'une manière douteuse jusqu'à dix heures.

De dix heures et demie à trois heures, repos. A trois heures les coups de canon recommencent, et vers cinq heures un des barreaux de la grille est coupé en deux. La cheminée de la salle à manger est également atteinte par un éclat d'obus. Dans un moment de calme, il faudra la démonter, de crainte qu'elle ne tombe sur le toit. Nous avons été épargnés un peu ces jours-ci, mais aujourd'hui les dégâts augmentent. Le feu ne cesse que vers sept heures et demie.

A ce moment arrive le gamin. Il m'apprend que Rossel est destitué, emprisonné et que Delescluze est nommé délégué à la guerre. Je lui remets les lettres que j'avais écrites dans la journée. Par précaution, il me prie de les laisser ouvertes, car deux de ses concurrents ont été fouillés. Ayant trouvé sur l'un d'eux une lettre qui parlait contre la Commune, le chef de poste a envoyé cette missive au destinataire par quatre de ses hommes avec ordre de l'amener. Je décachète donc mes lettres et les lui remets ouvertes, avec recommandation de les fermer aussitôt entré à Paris. Mme Baptiste en soignera le départ.

Les gardes nationaux m'appellent pour me faire observer des signaux qui se font à une certaine hauteur dans la direction du bois de Boulogne. Ils expriment la crainte d'une attaque sérieuse de la part des Versaillais et me préviennent que je pourrais bien être réveillé par des détonations d'un nouveau genre, dans le cas où ils seraient obligés de battre en retraite. « Oui, disent-ils, toutes nos barricades sont minées, et si nous perdons le terrain si chèrement conquis, les lignards apprendront à nous disputer la Commune : ils sauteront tous par l'explosion des torpilles qui sont cachées sous les barricades. » Nous voilà prévenus. Je m'endors pourtant, habitué au langage exagéré et terrifiant des fédérés.

Vendredi, 12 mai. — Vers quatre heures du matin, canonnade et fusillade éclatent de toutes parts. Le bruit est infernal, pourtant rien ne trahit des dégâts auprès de nous. Toutefois, vers six heures trois quarts, une détonation sèche me fait craindre un nouveau trou chez nous. A huit heures et demie, le bruit se ralentit et me permet de faire une inspection des lieux. Rien chez nous. Mais M. Ro..., qui jusqu'ici avait été épargné, a reçu une éventrure dans le mur mitoyen. Je vais le voir, et il me montre les dégâts. Après avoir traversé le mur, l'obus est entré par la fenêtre et a été se loger dans une bibliothèque garnie de livres. Le projectile n'a pas éclaté et repose là au milieu des livres jetés pêle-mêle jusqu'au milieu de la pièce. Sur ma proposition, nous plongeons cet hôte malencontreux dans un baquet d'eau. Je vais aux provisions, mais je ne puis rapporter que de la salade et du pain. Les Versaillais ont établi une nouvelle batterie boulevard Eugène. Le 128me bataillon est chargé de défendre Sablonville. Jusqu'à quatre heures, la canonnade est moindre. On entend de temps en temps des décharges de mitrailleuses qui semblent provenir de l'avenue de l'Impératrice. Un obus tombe près de la maison sur l'avenue sans éclater. Le factionnaire prévient ses compagnons, qui me l'apportent triomphalement. Nous lui préparons un bain. Une demi-heure après il est déchargé. La première dent d'Alice est tombée aujourdhui ; je la mets de côté pour sa grand'mère.

De quatre heures et demie à huit heures, bombardement de la porte Maillot et de celle des Ternes. Toutes deux ne ripostent que faiblement. Le *Moniteur universel* et trois ou quatre autres journaux sont supprimés par arrêté du 11 mai.

Samedi, 13 mai. — La canonnade ne commence cette fois qu'à sept heures et demie, pour ne durer que jusqu'à neuf heures. La porte des Ternes a dû être armée pendant la nuit de deux fortes pièces, car les détonations sont plus violentes que jamais. A neuf heures et demie je vais aux provisions, et je reviens avec de l'oseille, des oignons frais, du pain, et de plus des rognons de veau. Ce soir il y aura du mouton et du veau frais. M. C... me fait dire qu'il partira à dix heures avec le charbonnier pour Saint-Denis et me fait demander si je veux me joindre à eux. Je refuse, car ils n'ont ni l'un ni l'autre l'intention de revenir. Le premier veut pousser jusquà Versailles, le second coucher à Saint-Denis. A dix heures un quart arrive le gamin. Il m'apporte cette fois le *Vengeur* et le *Siècle*, que je lis avec intérêt. Vers deux heures vient M. C. Il m'apprend que les Versaillais sont près du pavillon d'Ermenonville, dans le bois de Boulogne, et que l'on s'attend à une attaque pour cette après-midi. Rien encore ne m'est parvenu. A quatre heures, reprise de la canonnade. On entend les mitrailleuses du côté du bois de Boulogne. La porte Maillot tire fréquemment.

Dimanche, 14 mai. — Peu de bruit pendant la nuit et dans la matinée. J'en profite pour chercher de l'oseille, des radis et du pain. A dix heures le messager arrive ; il apporte les journaux ; il a bien été chez Mme Baptiste, mais trop tôt pour avoir pu lui parler. A peine est-il parti de chez nous que les remparts reprennent le feu. Trois pièces ripostent avec vigueur à la canonnade des Versaillais. A dix heures et demie, dix hommes, commandés par un sergent et un caporal, du 174e bataillon, remplacent les sept hommes du 232e.

De midi à trois heures et demie, calme. Je

fais visite à Mme C...; son mari, parti hier pour Saint-Denis, devait aller jusqu'à Versailles. Il n'était pas encore revenu. A trois heures et demie, reprise de la canonnade. La fusillade est très-forte et les balles sifflent à travers les arbres du jardin. L'engagement paraît être à 200 ou 250 mètres de nous. Le messager m'apporte une lettre et un pot de Liebig de la part de Mme A. Je lui confie diverses lettres.

A quatre heures et demie, M. C... arrive, retour de Versailles. Après bien des difficultés, il a pu franchir les avant-postes fédérés qui à Saint-Ouen observent la route de la Révolte, seul chemin accessible de chez nous pour se rendre à Saint-Denis. Là on trouve bien des facilités pour aller à Versailles, mais il faut produire des papiers d'identité et formuler le but de son voyage avant de pouvoir franchir le cordon de sentinelles. Jusqu'à sept heures le canon a la parole; à partir de ce moment jusqu'à quatre heures du matin il y a un peu de répit.

Lundi, 15 *mai*. — Une vive fusillade frappe nos oreilles. De temps à autre, les décharges de mitrailleuses augmentent le bruit des détonations. A deux heures de la nuit un formidable coup me réveille en sursaut. Je monte; rien n'est venu chez nous, mais notre voisin du 25 *bis* a reçu un nouvel obus qui, après avoir fait une brèche au premier, a inondé notre cour; près de la pompe, de nombreux morceaux de moellons gisent à terre. Le poste était sorti et cherchait également à se rendre compte de cette formidable explosion.

Jusqu'à 10 heures, peu de bruit près de nous. On distingue les coups partant du Mont-Valérien. Les batteries de la porte Maillot et des Ternes restent silencieuses. Je vais chercher du pain. A mon retour je trouve chez nous le messager, qui m'apporte une lettre de mon père du 11 et une de ma mère du 9, adressées à Paris. Le combat recommence, mais loin de nous. De temps à autre un projectile de gros calibre, à en juger par son sifflement aigu, passe au-dessus de nous et frappe les remparts. Je vais chez M. L..., l'un de nos voisins. De 5 à 6 heures, augmentation du tir, surtout du côté du bois de Boulogne. Le messager n'est pas venu. A neuf heures trois quarts nous nous couchons, fatigués du bruit de la journée; le sommeil me gagne vite.

Mardi, 16 mai. — A huit heures seulement une vive canonnade éclate. Elle n'est que de courte durée, une heure environ. A dix heures, je vais chercher du pain. A onze heures on vient relever le poste, 10 hommes du 174e, commandés par un caporal de cinquante-quatre ans. Il me raconte que sa femme a reçu un diplôme de sage-femme par la Commune. Les hommes ont fait une brèche chez M. B..., architecte, malgré la défense de l'officier. A deux heures je vais avec Alice chez la famille C... A 5 heures, alerte au poste, où l'on vient dire qu'il y a des balles qui partent de chez le voisin au 25. Le garde qui est venu avertir veut franchir le mur. Un peu troublé par la boisson, il trébuche sur le mur et tombe du pignon. Il se fait une si sérieuse ouverture au-dessus de l'œil droit que l'on détache deux hommes du poste pour chercher un brancard, et après que nous l'avons pansé de notre mieux, il est transporté à l'ambulance de l'état-major. Pendant ce temps, ses camarades visitent le

25, où nous entendons enfoncer plusieurs portes à coups de crosse. A sept heures les Versaillais bombardent de nouveau la porte Maillot, qui répond faiblement. Silence de la part de la porte des Ternes. De la barricade du rond-point, boulevard Inkermann, vive fusillade. Le poste parle de retraite possible pendant la nuit. La nuit est relativement calme, et, sauf quelques coups des remparts et la visite de deux ou trois rats, nous avons pu dormir tranquillement. Le messager n'est pas venu, ce qui m'inquiète, car cet enfant s'expose beaucoup.

Mercredi, 17 mai. — De sept heures à huit heures et demie, nouvelle canonnade. Point de résultat appréciable. En terme technique cela s'appelle inquiéter l'ennemi, fouiller les maisons, qui seules sont abîmées, car jusqu'ici, à ma connaissance, aucun homme, aucun être humain n'a été atteint dans les maisons par les nombreux projectiles qui causent tant de destructions matérielles. Aux remparts, quelques pièces ont été démontées et mises hors de service. Les artilleurs aussi ont éprouvé des pertes, mais leur audace, leur courage n'en sont point ébranlés. Quant aux pièces, elles sont remplacées par d'autres, d'un plus fort calibre ; aussi les vibrations deviennent de jour en jour plus terribles. A neuf heures, je vais chercher du pain, des oignons, de la salade et, chose rare, je trouve un gigot. J'apprends que la colonne Vendôme a été démolie lundi 15 courant. Journée calme. On s'attend à un mouvement décisif pour ce soir. Ne voyant pas venir le commissionnaire, je confie mes lettres des 15 et 16 à l'un de nos voisins, qui veut bien s'en charger. Il part à quatre heures et demie pour Paris. Vers six heures, la cartoucherie de l'avenue Rapp saute avec un fracas dont le bruit épouvantable arrive jusqu'à nous et vient nous terrifier. A sept heures et demie le voisin revient; tout s'est bien passé. Il a rencontré notre gamin chez Mme B... Il arrive en effet vers huit heures et nous apporte une boîte de sardines, mais point de lettres.

Les gardes nationaux ramènent les uns des verres, d'autres du linge, d'autres des vêtements de prêtres, un autre un mouton, jouet d'enfant, et un cheval mécanique avec lequel ils s'amusent dans la cour. A neuf heures, vive canonnade. A dix heures les mitrailleuses donnent à l'envi. Nuit fort agitée et bruyante.

Jeudi, 18 mai. — Malgré le saint jour de l'Ascension, la lutte continue, plus acharnée que jamais. On dit que les Versaillais, qui s'étaient approchés des remparts du côté de la porte Maillot jusqu'à 50 mètres, ont dû se replier devant le feu meurtrier des fédérés qui tiraient à toute volée. En effet, à dix heures le bruit diminue. De temps en temps quelques coups de canon partent des remparts. Silence du côté des Versaillais. M. C. me prie de lui encaisser un effet sur Bruxelles. J'écris à mon père pour le charger de cette commission.

Le poste qui devait être relevé reçoit contre-ordre. M. C... nous apporte une bouteille de champagne pour fêter l'Ascension, mais Joséphine, qui n'a pu dormir toute la nuit, souffre d'une migraine aiguë, et nous remettons la petite fête à demain.

Soirée calme, nuit bonne pour nous. J'ai mis des tartines de graisse saupoudrées de verre pilé pour les rongeurs qui nous tiennent compagnie. S'ils sont gourmands, ils n'en reviendront pas. A huit heures et demie arrive notre gamin ; il m'apporte des lettres de ma mère du 30 avril, trois de mon père dont deux des 22 avril et 3 mai, une de Léon du 30 avril, une de Numa du 27 avril. Bonne fortune et véritable aubaine pour la journée Je prie le gamin de mettre les deux lettres pour M. D... à la poste à Paris. A neuf heures et demie nous nous couchons, et, après avoir passé une bonne nuit. nous sommes éveillés vers huit heures par le canon qui tonne de temps en temps, sans que nous puissions trop savoir d'où partent les coups.

Vendredi, 19 mai. — J'écris à mes parents, à Léon, à L... Journée insignifiante comme résultat militaire. Les opérations ne présentent aucun intérêt bien nouveau. Les fédérés ont fait à la hauteur de la rue Louis-Philippe un retranchement assez important.

A une heure, M. C... apporte l'*Écho de Paris* et le *Pirate*. Nous sablons le champagne apporté par lui la veille. A six heures le messager nous apporte du lait concentré, de la farine lactée, des allumettes et de l'huile à brûler; point de lettres. Mme Baptiste nous adresse des dragées pour les enfants. Soirée calme, nuit de même. La *Patrie* et la *Revue des Deux Mondes* ont été supprimées hier.

Samedi, 20 *mai*. — A 5 heures trois quarts, M. R... prévient Joséphine que sa femme ressent des douleurs d'enfantement. H... court chercher le médecin, M. Soudry. Au bout d'un quart d'heure ils reviennent tous deux, en passant par-dessus les murs. Environ vingt minutes après j'entends les cris d'un nouveau-né. C'est une magnifique fille. L'accouchement est heureusement mené à bonne fin. Joséphine prend soin du bébé. Le canon se mêle de la partie. Ce ne sont pas des coups d'allégresse; ils ne sont pas chargés d'annoncer l'heureuse délivrance, mais bien destinés à augmenter le nombre des victimes et à augmenter la destruction. Encore un obus au 25. A neuf heures je vais chercher des légumes. Je rapporte des épinards, des oignons, et, ô merveille! une botte d'asperges, de plus un morceau d'entre-côtes.

Une réflexion de Paul à propos de la naissance du bébé : « Dis, maman, comment il se fait que ce sont toujours les mamans qui sont malades, et jamais les papas; dis, maman ? » De 11 heures à 8 huit heures du soir, reprise vigoureuse des hostilités. A midi on relève le poste par dix hommes commandés par un sergent du 174e bataillon.

J'engage le lieutenant qui vient placer le poste de vouloir bien donner une consigne plus sévère, pour que les hommes ne s'absentent plus si souvent. Vaine recommandation. A peine l'officier parti, la moitié de la troupe file. On vient d'arrêter l'abbé *Moret*, aumônier et fondateur de l'asile Mathilde. Avec lui on emmène deux dames, ses parentes, et un ecclésiastique, sous prétexte qu'ils ont des intelligences avec les Versaillais. A peine cette arrestation effectuée, les gardes reviennent avec force bouteilles de vin. Le sergent insiste pour nous le faire goûter. C'est du bon chablis de 2 à 2 fr. 50 la bouteille, au dire de R... Ils rapportent également une pelle, une pincette avec le porte-pelle, qu'ils offrent à la cuisinière. Je refuse carrément et les engage à reporter les objets. Mais non, ils les laissent. Il serait difficile de faire de la morale à ces hommes qui ne se font aucun scrupule de dévaliser ainsi les habitations abandonnées. Si par hasard ils rencontrent des locataires ou concierges, ils s'imposent, et, sous prétexte de chercher des personnes, ils forcent portes, fenêtres, serrures, cadenas et emplissent leurs poches ou sacs. Les officiers avertis trouvent rarement un homme répréhensible : principes communeux. A sept heures arrive le messager; il m'apporte une lettre de mon père du 16 mai, en contenant une de Mlle Angélique, plus une lettre de Léon du 11 mai. Il nous raconte les difficultés qu'il a à surmonter pour passer depuis que presque tous les journaux ont été supprimés. Les formalités pour obtenir journellement un laisser-passer sont longues et multiples, de sorte qu'il désespère de pouvoir revenir aussi souvent. Il nous donne l'adresse de ses parents, qui restent à Levallois-Perret. Je lui remets un mot d'accusé-réception pour mon père, me réservant de répondre demain à Léon. A huit heures, visite du brave docteur, qui trouve la nouvelle accouchée et le nouveau-né en parfait état de santé. Soirée calme.

Dimanche, 21 *mai*. — Nuit bruyante; impossible de fermer l'œil depuis trois heures et demie. La canonnade a repris avec une telle intensité que nous croyons que les Versaillais essayent de faire brèche à la porte Maillot. A huit heures le feu cesse, la journée est si calme que nous croyons à une suspension d'armes. Quelques rares coups de canon tirés par les fédérés nous apprennent le contraire. Le poste fait bombance avec le vin volé à l'asile Mathilde. Mme et Mlle C..... viennent nous voir. Elles trouvent notre installation à la cave enviable. A huit heures du soir quelques coups de canon sont tirés par les Versaillais. Nuit des plus calmes : qu'est-ce à dire ?

Lundi, 22 *mai*. — A six heures et demie, il me semble entendre le clairon. Je monte quatre à quatre. Le poste est sous les armes. Un garde national est venu prévenir que le drapeau tricolore flotte à la porte Maillot. A ce propos je suis ému, une joie indescriptible s'empare de moi. Une vive fusillade s'entend du côté de la mairie. Les hommes crient en désespérés qu'ils sont trahis, cernés; que c'est une infamie de l'état-major de ne pas les avoir avertis; les voilà forcés de battre en retraite. Le sergent s'oppose à leur sortie. Mais baste! quatre gardes passent l'avenue, suivis simultanément par trois autres. Seul le sergent reste avec trois fusils et plusieurs sacs et couvertures. A bout de patience, il prend les armes abandonnées et s'esquive aussi. Aussitôt partis, je vais trouver M. C.... Les coups de fusil paraissent se rapprocher des fortifications. Peu de balles de notre côté. Nous montons au cinquième du 25 *bis* et voyons que les remparts sont abandonnés. A la porte Maillot je distingue avec ma longue-vue les lignards. La fumée m'indique que des coups de fusil s'échangent entre les remparts et l'avenue de la Grande-Armée. Les Versaillais sont donc maîtres des bastions. Je ne me trompe pas; quelques instants après je vois flotter le drapeau tricolore sur la porte Maillot. Je descends en toute hâte, observant ce qui se passe. Je vois disparaître le drapeau rouge de la mairie, et les trois couleurs nationales m'annoncent que Neuilly est au pouvoir des Versaillais. Je cours embrasser Joséphine, les enfants, car notre délivrance paraît assurée. A peine arrivé chez moi, une quinzaine de lignards, ayant des képis du 119e et des vestes du 27e, commandés par un capitaine porteur d'un drapeau tricolore, s'avancent vers nous. Chercher et déployer le drapeau français qui m'avait servi pendant le siége lors de mon service comme brancardier, et leur crier : « Vive la ligne! vive l'ordre!! » fut l'affaire d'un instant. Ces braves militaires se reposent un quart d'heure chez moi. Nous parvenons à grand'peine à leur faire accepter une légère collation, puis, poursuivant leur noble tâche, ils vont rejoindre leur colonel à la mairie. Plus de détonations dans notre voisinage, seule la butte Montmartre tire en désespérée sur la porte Saint-Ouen. Je vais à Sablonville. Là j'apprends que les Versaillais sont entrés à Paris par la porte Dauphine, en longeant les fortifications dans Paris et chassant sur leur passage tous les fédérés, qui se repliaient en désordre sur Levallois. Je m'approche de la porte Maillot. Tous les habitants restés à Neuilly sont occupés à démolir les barricades. Près du restaurateur Gillet, trois pièces de canon sont enclouées. Porte Maillot, les deux batteries sont restées sur place. Le génie militaire est occupé à dresser les pièces pour riposter au tir des buttes Montmartre.

Les gardes nationaux ont disparu comme par enchantement. Le drapeau national flotte sur l'Arc-de-Triomphe, d'où hier encore partaient des coups à l'adresse des Versaillais. La plupart des gardes nationaux de la porte Maillot ont embrassé les lignards, me dit-on; mais ces derniers ont ordre de désarmer les défenseurs de la Commune et de diriger ceux qui offrent de la résistance vers Courbevoie. Grand merci, mon Dieu! nous voilà, espérons-le du moins, arrivés à la fin de cette lutte sanglante, meurtrière et dévastatrice! Quel bonheur s'il pouvait en être ainsi! Il me tarde d'annoncer cet heureux événement à ma bonne mère.

Nous déjeunons, pour la première fois depuis quarante-cinq jours, en plein jour. Puis je vais trouver M. C. pour faire une excursion dans Neuilly, afin de nous rendre compte des faits accomplis. Par la rue Perronnet nous arrivons au Temple élevé par les protestants de la localité à la gloire de Dieu. Triste spectacle ! Ce lieu du culte, qui aurait dû être respecté, n'a pas échappé aux insultes de cette bande de gens qui suivaient et exécutaient aveuglément les ordres de quelques cerveaux brûlés. Chez MM. R... et de S..., point de dégâts. L'ancien pensionnat des demoiselles Martineau, maison de deux étages, méconnaissable : il n'en reste plus que le rez-de-chaussée ; premier et second se sont écroulés en entraînant les pièces du bas. L'église de Neuilly, éventrée de tous côtés. Avenue de Madrid, l'habitation de M. W..., fraîchement réparée et remise à neuf depuis le siège, a été également atteinte par un obus et par de nombreuses balles.

Dans le parc de M. F. V..., de nombreux cheminements indiquent que les Versaillais ont passé par là pour s'approcher des remparts, véritable travail de siége. Nous voulons pénétrer dans le bois de Boulogne, un garde nous conseille de ne pas donner suite à ce projet ; car, dit-il, tout y entre, rien n'en sort

Nous revenons par l'avenue de Madrid.

Près la porte des Sablons, une batterie nous force à obliquer à gauche. Nous regagnons l'avenue de Neuilly, où nous constatons de nombreux dégâts. Tous ceux qui, comme nous, étaient restés sont dehors et respirent avec bonheur l'air de la liberté. Puissions-nous avoir bientôt une paix durable et réparatrice de tous les maux que nous avons endurés ! Combien de temps la lutte se prolongera-t-elle dans Paris ? J'espère que le plan d'attaque est bien conçu et que le découragement des fédérés facilitera la tâche de nos braves soldats.

Défense absolue d'entrer dans Paris. Mais nous pouvons circuler librement dans Neuilly. Demain j'irai à Versailles ; en attendant, je prie un épicier qui vient offrir ses provisions de m'expédier ma correspondance par Saint-Cloud, ce dont il se charge volontiers. Nous dînons de bon cœur et, après avoir fêté avec nos bons voisins l'anniversaire de la naissance de notre chère petite Emma, nous rendons grâce à Dieu de ce qu'il nous a préservés jusqu'ici si miraculeusement ; puis nous retournons dans nos caves pour prendre du repos.

Mardi, 23 mai. — Nous déjeunons au jardin. Je prends un laisser-passer et me dirige vers Versailles, où je fais visite à Mme J... L... et à R... J'écris à mes parents :

« Bien chers parents,

« Impossible encore d'aller ni à Paris ni à Saint-Denis. J'ai pu arriver à Versailles, d'où je vous envoie ces lignes et deux journaux. Nous allons tous bien et espérons avec confiance la fin prochaine de cette affreuse lutte. A bientôt des détails.

« Mille tendresses et baisers de votre fils dévoué et obéissant.

« Joseph. »

Versailles, 24 mai 1871.

Puis je retourne à Neuilly, où je trouve les miens, grands et petits, occupés à remonter les meubles.

APPENDICE

Le 35e bataillon de la garde nationale (Neuilly) au combat de Buzenval.

Le journal *le Gaulois* du 25 janvier 1871 publia l'article suivant sur la part prise, au malheureux combat de Buzenval, par le 35e bataillon de la garde nationale, appartenant à la commune de Neuilly :

« Le 35e bataillon (compagnies de guerre) de la garde nationale a été très-particulièrement éprouvé dans la journée du 19, à l'attaque du parc de Buzenval. Il a eu 34 hommes tués ou blessés.

« Son commandant, M. Savignol[1]; un capitaine,

---

1. Le 35e bataillon avait eu trois commandants pendant le siége, MM. Rohr, Dusire et Savignol.

M. Longchamps; un lieutenant, M. Guillaume¹, ont été blessés ; un capitaine, M. Faivre, a été tué dès le commencement de l'action ; un sous-lieutenant, M. Mandement, a disparu². Mais la perte la plus sensible faite par le 35ᵉ bataillon est celle de son capitaine adjudant-major, qui fut tué d'une balle au front au début même de l'attaque.

« C'était un ancien capitaine d'infanterie, M. Goëb (Jean-Daniel). Né en septembre 1812, à Colmar, il s'était engagé au 20ᵉ léger, au mois de juillet 1833. Sous-lieutenant le 22 mai 1845, capitaine le 3 mai 1854, chevalier de la Légion d'honneur le 7 novembre 1855, il s'était surtout distingué pendant la campagne de Crimée, qu'il avait faite tout entière. Il fut très-remarqué pour sa bravoure lors de la belle défense du pont de Tracktir, le 16 août 1855, et il y fut même blessé d'un éclat de pierre à la figure.

« M. Goëb était un homme instruit autant que modeste ; il avait toutes les qualités du soldat : brave, infatigable au travail et d'un dévouement à son devoir qui ne s'est jamais démenti. A ses funérailles, qui ont eu lieu dimanche au cimetière Montmartre³, le commandant du bataillon, M. Sa-

---

1. MM. Savignol et Guillaume furent depuis décorés.

2. M. Mandement a depuis été retrouvé. Cet officier avait été tué au commencement du combat. Il était dentiste à Neuilly.

3. Le contre-amiral du Quilio, chef du 5ᵉ secteur,

vignol, a, dans une allocution très-émue, rappelé les nobles qualités qui distinguaient si éminemment M. Goëb.

« GEORGES D'HEYLLI. »

duquel dépendait le 35º bataillon, assista aux obsèques du capitaine Goëb.

TABLE

	Pages.
A l'auteur du Journal d'un habitant de Neuilly. .	1
La ville de Neuilly.	5
Journal d'un habitant de Neuilly.	19
APPENDICE. — Le 35ᵉ bataillon de la garde nationale (Neuilly) au combat de Buzenval. . . .	93

Imprimé
PAR D. JOUAUST
POUR E. MAILLET, LIBRAIRE

A PARIS

www.ingramcontent.com/pod-product-compliance
Lightning Source LLC
Chambersburg PA
CBHW070300100426
42743CB00011B/2275